ジョコビッチは なぜサーブに 時間をかけるのか

鈴木貴男
Suzuki Takao

a pilot of wisdom

目次

錦織はスライスも含めたバックハンドの総合力が高い
じつはバックハンドより不安定になりやすいフォアハンド
グリップの「厚い」選手の強みと弱点
全仏と全英の連続優勝が難しい理由
なぜサーブ&ボレーの選手が急減したのか
フェデラーがあの年齢でも戦えるのは「走り方」にも秘密がある
クレーコートではトップスピンが有効
ナダルが強いのは「左利き」だから
いまも進歩し続けるフェデラーとナダルの偉大さ
どのサーフェスでも満遍なく勝つジョコビッチ
不調でも執念深く戦うジョコビッチのずる賢さ
錦織の連敗記録はいつストップするのか
錦織がジョコビッチに勝つ方法

第二章　選手たちはどんな環境で戦っているのか

第三章　この「駆け引き」に注目すると試合は何倍も面白い————103

終章 デビスカップで日本が優勝する日 ―― 163

デ杯はなぜ「やってみなければわからない」のか
ダブルスをどう戦うか
テニスの団体戦におけるチームワークとは
テニス文化の成熟が日本を強くする

あとがき――――― 187

構成／岡田仁志
図版作成／株式会社ウエイド

序章　テニスの醍醐味《だいごみ》とは何か

結果に一喜一憂するだけではもったいない

錦織圭《にしこりけい》選手や大坂なおみ選手らの活躍もあって、ここ数年のあいだに、テニス人気は急上昇しました。学校の部活や地域のクラブなどでテニスをプレーする人たちは昔から数多くいましたが、いまはそれに加えて「見るスポーツ」としても多くのファンを得ています。衛星放送やネット配信などで、海外の試合がいつでも見られるようになったのもその一因でしょう。メディアの注目度も高まり、錦織や大坂の試合がニュース番組やワイドショーなどで大きく取り上げられることも増えました。長くテニスに関わってきた僕のような人間にとって、これは大変喜ばしいことであると同時に、大きなチャンスでもあります。

テニスを見る人が増えたなら、「もっとテニスのことを知りたい」と思う人も増えているでしょう。僕としても、せっかく多くの人々がテニスに興味を持ってくれているのだから、もっとこのスポーツのことを深く知って、いまの何倍も楽しんでもらいたい。いまは、テニスに対する理解を深めてもらうチャンスなのです。テニスという文化を社会に定着させるチャンスだともいえるでしょう。

たとえば錦織の試合を見るとき、みなさんはどこに注目しているでしょうか。彼を応援するファンの多くは、ひとつひとつのプレーや試合の「結果」ばかり気にしているだろうと思います。錦織のファーストサーブが入るかどうか、微妙なところに落としたドロップショットに相手が追いつくかどうか、やっとつかんだブレイクポイントやセットポイントを取れるかどうか、そして、この試合に勝てるかどうか——ハラハラドキドキしながら、それらの結果に一喜一憂するわけです。

もちろん、それがスポーツ観戦の楽しさのひとつでしょう。手に汗を握って「応援する選手に勝ってほしい」「いいプレーや勝利をいっしょに喜びたい」と願う気持ちを否定するつもりはありません。

でも、それだけではもったいない。結果だけではなく、プロセスを見て「なぜそうなったのか」を考えるようになると、テニス観戦はまったく違うものになります。ひとつのポイント、ひとつの試合から得られるものが、格段に増えるでしょう。ただ「勝ったからうれしい」「負けたから悔しい」で終わらずに、選手のプレーや試合の内容について考え、みんなでそれを語り合う。そんなテニスファンを、僕は日本でもっと増やしたいのです。

テレビ解説ではすべてを説明し切れない

以前、僕がＷＯＷＯＷの解説を担当した錦織の試合で、こんなシーンがありました。相手は若手の成長株であるステファノス・チチパス（ギリシャ）。錦織のファーストサーブがフォルトとなり、セカンドサーブになりました。

錦織の試合をよく見ている人なら、ちょっと心配になるところでしょう。甘いセカンドサーブを相手に思い切り打ち返されてポイントを失うシーンが記憶にあるからです。

実際、錦織の緩いセカンドサーブはコートの浅いところでバウンドし、ファンはヒヤリとしました。ところが、チチパスがフォアハンドで強く叩《たた》いたボールはネット。凡ミスをしてくれて「助かった」と思った人が多いと思います。でも、僕はこうコメントしました。

「錦織は最高の縦回転をかけましたね。すばらしいセカンドサーブです」

縦回転、つまりボールの進行方向に錦織が強いスピンをかけたことで変化がつき、そのせいでチチパスはリターンを打ち損じた。単なる凡ミスではなく、錦織がサーブを工夫することで相手のミスを引き出したわけです。

プレーの結果だけ見ればたしかにチチパスのミスですし、記録上も「アンフォースト・エラー（自分に原因があるミスショット）」としてカウントされるでしょう。しかし実質的には、錦織が自らの技術と戦術によってもぎ取ったポイントだと僕は思いました。

結果だけに一喜一憂していると、こういうプレーの面白さは見えてきません。もちろん、その意味を理解するには「同じサーブにもいろいろな球種がある」「浅いボールがみんな打ち返しやすいわけではない」といった知識も必要でしょう。それを視聴者にお伝えするのが、解説者の役目です。だから僕も、先ほど紹介したようなコメントをしました。

その場面だけではありません。選手たちが何を考え、なぜそのプレーを選択し、それがどのような結果につながったのか。解説をするときはいつも、あまり感情的にならず、冷静にプレーを分析することを心がけています。

とはいえ、生中継の放送中にすべてを説明することはできません。テニス中継の解説者は、ひとつのポイントが終わって次のサーブが始まるまでの短い時間で簡潔に喋《しゃべ》ることが求められます。そこで話せる中身には、どうしても限界がある。「もうちょっと詳しく説明したい」と思うこともしばしばです。だから、こうして本という形で、テニスの見方や考え方をお話しすることにしました。

「ナダルはなぜクレーで強いのか」を知りたければ

テニスはシンプルなスポーツですから、そんなに難しい話にはなりません。技術や戦術、選手のプレースタイル、試合での駆け引きなど、ちょっとした基礎知識を仕入れておくだけで、テニス観戦はこれまで以上に楽しくなるはずです。

たとえば、いわゆる「ビッグ3」のひとりであるラファエル・ナダル（スペイン）がクレーコートで無類の強さを誇っていることは、テニスファンなら誰でも知っているでしょう。グランドスラム大会で唯一クレーコートを使用する全仏オープンで、ナダルは（二〇一九年までに）一二回も優勝しています。ほかのグランドスラム三大会（全豪、全英、全米）の優勝回数は合わせて七回ですから（それだけでも十分にすごいのですが）、この「結果」を見ればクレーでの圧倒的な強さは誰の目にも明らかです。

では、ナダルはどうしてクレーで強いのでしょうか。

結果を見れば強いのはわかりますが、それだけでは理由はわかりません。ナダルの強さの秘密を知るには、まずテニスそのものを知る必要があります。

グラス（芝）コート、ハードコート、そしてクレー（土）コートと、さまざまなサーフェス（コートの表面）があるのは、テニスの大きな特徴のひとつでしょう。こんなに多様なサーフェスがある競技はほかにありません。

それぞれのサーフェスは、ボールのスピードや弾み方、フットワークなどに与える影響が異なります。当然、選手によって向き不向きがある。したがって、まずはサーフェスの違いを理解しなければいけません。その上で、ナダルのプレースタイルとクレーコートがなぜ相性がいいのかという話になるのです。

では、ナダルのプレースタイルとはどういうものなのか。それを知るには、フォアハンドとバックハンドの違い、右利きと左利きの違い、スピンをかけたボールの動き、クロスとストレートの違い……などなど、技術や戦術についての基礎知識が欠かせません。それを身につけて初めて、ナダルの強さを説明することができるのです。

ナダルについてはのちほど詳しく解説しますが、その強さの理由がわかれば、「どうすればクレーでナダルに勝てるか」を考えることもできるでしょう。もちろん、そんなに簡単に勝つ方法が見つかれば誰も苦労しません。でも、自分なりにそれを考えてみれば、実際にクレーコートでナダルと対戦している選手が「いま何を考えているか」を想像できるようにもなると思います。すると、次のプレーや試合展開などを予想することもできる。それだけ、観戦するときの楽しみの幅が広がるわけです。

錦織の試合も同じこと。彼がどんなプレーを得意としているのか、強みはどこなのかを理解すれば、相手の選手が何をしようとするかを考えられるようになるでしょう。単に「錦織がんばれ！」と応援するだけでなく、逆に「どうすれば錦織を倒せるか」を考えてみるのも面白いかもしれません。

少なくとも僕は、解説をするときにそういう視点から考えて話をします。そうすることで、その試合の勝負を分けるポイントが見えてくるからです。結果的に錦織が勝ったなら、その試合では彼の何がよかったのか。錦織が負けたなら、相手の何がよかったのか。ファンは解説者でも評論家でもないので、勝因や敗因について正解を出す必要はありません。しかしそれを考えることで、好きな選手のことをより理解できるようになりますし、試合も味わい深いものになるでしょう。せっかくテニスを見るなら、そういうところまで踏み込んで考えたほうが面白いのではないでしょうか。

フェデラーのスーパーショットをお膳立て

そこで忘れてはいけないのは、テニスは「相手」のいるスポーツだということ。「そんなの当たり前じゃないか」と思われるかもしれませんが、人は意外とその「当たり前」を意識しないもの。熱心なファンほど、応援する選手のプレーにばかり注目して「今日は調子がいい」「ミスが多い」などと思いやすいのです。

でも、ひとりで演じるフィギュアスケートや体操などのような競技とは違い、テニスの質はその選手の調子だけで決まるわけではありません。試合は、ネットをはさんで対峙《たいじ》するふたり（ダブルスなら四人）がいっしょにつくり上げています。いわば、対戦相手との「コラボ作品」のようなものでしょうか。

それこそ先ほど紹介したチチパスのリターンミスも彼ひとりのプレーではなく、それを引き出した錦織の巧みなセカンドサーブがありました。驚くようなスーパーショットの多くも、打った選手だけのお手柄ではありません。相手がいいショットを打ったからこそ、そのピンチをチャンスに変えるようなすばらしいショットが飛び出すのです。

ここでひとつ自慢話（？）をしておきましょう。僕は昔、ロジャー・フェデラー（スイス）との試合で、ものすごいスーパーショットを食らったことがあります。二〇〇五年の全豪オープン二回戦、第二セット４－４で迎えた僕のサービスゲーム。結果的にブレイクされてしまったのですが、その最後のショットに驚かされました。ネットの外側からググッと曲がって入ってくる「ポール回し」を、見事に決められてしまったのです。

まるでマンガのような大技ですから、スタンドの観客は大喜び。フェデラー自身も人差し指を立てて雄叫《おたけ》びを上げ、思い切りガッツポーズをしました。あんなプレーを見せられたら、僕も苦笑いするしかありません。

でも、ただ悔しいだけではありませんでした。その前に僕がネットプレーで打ったのは、ライン際ギリギリに落ちるボレーショットです。そのボールが厳しいコースだったからこそ、フェデラーは半ば強引にポール回しにトライせざるを得なかった。もちろんそれを成功させたのはフェデラーの高い技術ですが、スーパーショットのお膳立てをしたのは僕です。その意味では、フェデラーとふたりでつくった名場面といえなくもありません。だから、観客の拍手の何％かは自分に向けられているような満足感がありました。

誰にも頼らずひとりで戦う選手の頭の中に何があるのか

昔話はともかく、テニスのショットは（サーブ以外は）すべて相手のショットに対するリアクションです。相手の存在なしに自分のプレーはあり得ません。だから試合中は常に、ネットをはさんで激しい駆け引きがくり広げられています。しかもテニスは基本的に、試合中に誰からもアドバイスを受けられません。ベンチに監督が陣取るデビスカップや、途中でオン・コート・コーチングが認められる女子のＷＴＡツアーなどの例外を除いて、コーチからの指示や作戦タイムなどは一切なし。選手はいったんコートに入ったら試合終了までたったひとりで戦います。こういうスポーツはほかにあまりないでしょう。

そして僕は、そこがテニスのいちばん面白いところだと思っています。誰にも頼ることなく、自分ひとりで考えてプレーする選手同士が、一打ごとに「次に何をするか」を瞬時に判断しながら試合を進めていく。その駆け引きこそが、テニスの醍醐味です。

そこに時間制限がないことも、テニスの面白さでしょう。所定の時間が過ぎれば試合が終わるサッカーのような競技なら、いったんリードを奪ったチームが、相手にプレーをさせずに時間稼ぎをして試合を終わらせることもできます。しかしテニスはそうはいきません。マッチポイントを迎えても、自分が何らかの形でポイントを取らなければ試合は終わらない。ひとつひとつのゲームやセットも、相手にふたつのポイント差をつけなければいつまでも続きます。ゲームカウントが6－6になればタイブレークになりますが、それも二ポイント差がつくまで決着はつきません。いつ終わるかわからないのがテニスです。

ですから選手は、誰からもアドバイスを受けず、ひとりで最後まで「次のポイント」を取るために考え続けなければいけません。だからテニスの試合には、マッチポイントを取り切るまで油断のできない緊張感が張り詰めているのです。

コートの上では、そんな緊張感の中で、流れが行ったり来たりします。流れが悪くなれば、選手はそれを引き戻すために何か手を打たなければいけない。相手もそうはさせまいといろいろなことを考える。強気になることもあれば、弱気になることもあるでしょう。そういう選手の頭の中を想像しながら、テニスを見てもらいたい。そのために必要な知識をこの本から得ていただけたら、うれしく思います。

第一章　この選手のここを見よ

――錦織、フェデラー、ナダル、ジョコビッチ

全国小学生選手権大会で「遊んで」いた錦織少年

テニスファンになった人の最初の入口は、多くの場合、「選手」でしょう。テニスについてあまり詳しく知らなかったけれど、たまたま何となくテレビで試合を見ていたらその選手が好きになり、それからよく見るようになるケースが大半だと思います。

これは、プレーヤーも同じこと。昔ならボルグ（スウェーデン）やマッケンロー（アメリカ）、いまなら錦織やナダルなどのプレーを見て憧れ、「自分もあの選手のようになりたい」とテニスを始める人は少なくありません。見た人が憧れるような選手はたいがい高い実力の持ち主ですし、それぞれ強い個性も持っています。得意とするプレーもはっきりしていることが多いので、ビギナーのお手本にもなりやすいでしょう。

プレーする人だけではありません。テニスを見て楽しむファンにとっても、彼らはさまざまな「見どころ」を教えてくれる存在です。そこでこの章では、いま男子テニス界で人気の高い名選手たちに注目し、彼らのプレースタイルやテクニックなどを語りながら、この競技の基本についてもお話ししていきます。

まず最初に取り上げるべきは、やはり日本の誇るスタープレーヤー、錦織圭でしょう。二〇一四年には全米オープンで準優勝。その後もグランドスラムやマスターズなどの大きな大会で何度もベスト8以上に進み、世界ランキングのトップ一〇常連になるなど、すばらしい成績を残しています。

世界の強豪選手たちと比べると体格の面でやや不利な錦織が、なぜこのような結果を出せるのか。もちろん理由はひとつではありませんが、真っ先に彼の長所として僕が挙げたいのは、駆け引きのうまさです。序章で「相手との駆け引きこそがテニスの醍醐味」という話をしましたが、錦織はまさにそれに長《た》けた選手なのです。

その片鱗《へんりん》は、小学生時代からありました。僕が初めて錦織のプレーを見たのは、たしか二〇〇一年の夏だったと記憶しています。そのとき僕はちょっと怪我《けが》をしており、海外のツアーに出場できなくなっていました。それで時間があったので、久しぶりに全国小学生テニス選手権大会を見に行ったのです。僕も小学生時代に出場して優勝したことのある大会なので、懐かしい気持ちもありました。

そこで活躍していたのが、小学六年生の錦織少年です。「島根県にすごい選手がいる」

という噂《うわさ》は以前から耳にしていました。小学四年生のときから中国地方代表として全国大会に出場していたのですから、注目されるのも当然でしょう。

その試合を見た僕は、正直、びっくりしました。あきれてしまった、といったほうがいいかもしれません。

「この子、全国大会で遊んでる……」

それが錦織の第一印象でした。遊んでいるといっても、不真面目にプレーしていたという意味ではありません。彼は、パワーやスピードで勝負するのではなく、相手の嫌がるところにボールを打ち込んだり、タイミングをずらしたりしながら、見事にゲームを組み立てていました。前後左右に相手を振り回して翻弄する姿が、まるで「遊んでいる」ように見えたのです。いまの錦織と同様、ときどきドロップショットも決めていました。たぶん対戦相手も、自分が錦織に「遊ばれている」と感じたことでしょう。

プロデビュー戦のダブルスで対戦

そういうテニスの駆け引きに必要なセンスが、子どもの頃から錦織にはありました。小学生としても体が大きいほうではなかったので、最初からそういう戦い方を自然と身につけたのかもしれません。

錦織にかぎらず、テニス選手の基本的なプレースタイルは子どものときに決まるものです。大人になってから急にスタイルが変わる選手はほとんどいません。その意味では、子ども時代から小柄だったのは錦織にとってよかったともいえるでしょう。小学生時代にほかの子より大柄で、パワーやスピードで圧倒できたとしても、大人になってから世界で戦おうと思ったら、日本人の体格で同じスタイルが通用するとはかぎりません。それに気づいてからプレースタイルを変えるのはなかなか難しいことです。

錦織の場合、中学生時代に渡米して、それまで以上に体格差のある相手と戦うことになりました。パワーではどうやっても対抗できない相手といかに戦えばいいのかを、一三～一四歳から真剣に追求せざるを得なかったわけです。

もし高校卒業まで日本国内だけでプレーしていたら、一八歳か一九歳で海外に出たとたんにあまりの壁の高さに直面して、気持ちが怯《ひる》んでしまったかもしれません。そこで初めて現実を知り、「プロとして世界で戦うのは無理だ」と諦めてしまう人もいるでしょう。

でも中学生ぐらいなら、大きな相手にいくら負けても「何か勝つ方法があるはずだ」と思えます。実際、一五歳ぐらいまでの錦織はアメリカでなかなか芽が出ませんでしたが、諦めずに努力を続けていました。彼が一六歳ぐらいでデビスカップ日本代表の練習に参加したとき、「だいぶ背が伸びて、体がしっかりしてきたな」と思ったのを覚えています。ボール扱いのうまさにも感心しました。

錦織のプロデビュー戦は、二〇〇七年のジャパン・オープンです。僕はその大会のダブルスでドイツの選手と組み、添田豪と組んだ一七歳の錦織と対戦しました。後にも先にも、彼と公式戦で試合をしたのはそのときだけです。

何とか負けずに済んだので先輩としての面目は保てましたが、サーブのリターン力や読みの鋭さなど、錦織の能力の高さには驚かされました。

「これは遅かれ早かれツアーで結果を出すだろうな」

そう思いながら試合をしたのを覚えています。

もっとも、その翌年にいきなりデルレイビーチ国際テニス選手権でATPツアー初優勝を果たしたときは、さすがに驚きましたが……。

テニスの世界では「トップ一〇〇」に入るだけでも一流選手

その後の活躍は、みなさんご存じのとおりです。世界ランキングは、最高で四位にまで上がりました。全米オープンでの準優勝もあったので、「次はグランドスラム優勝を」「トップ三に入ってほしい」などと、ファンの期待も高まります。そのため、故障などのせいでトップ一〇から落ちたりすると、ひどくガッカリしてしまう人も多いでしょう。グランドスラムの準々決勝あたりで負けても「なんだ、そこ止まりかよ」と文句をつける人も少なくありません。

いったん高い順位を見慣れてしまったので、それも仕方ない面はあります。でも、アジア人がいまの錦織のような地位に座り続けるのがどれだけ大変なことかも、あらためて考えてほしいと思います。

ちなみにジャパン・オープンのダブルスで錦織と対戦したときに僕が「遅かれ早かれ結果を出す」と考えたのは、「ランキング一〇〇位以内に入るのは間違いない。五〇位も可能性がある」ぐらいのことでした。「一〇〇位なんて……」と思うかもしれませんが、世界のトップ一〇〇に入るのは大変なことです。

たとえばサッカーの世界なら、スペインやドイツなど各国のトップリーグだけでも、それぞれ何百人もの選手がいます。その中の超一流クラブ一〇チームのレギュラー選手（一一人×一〇）だけで、一〇〇人を超えるわけです。

そう考えれば、テニスの世界で「トップ一〇〇」が大きなステイタスであることが実感できるのではないでしょうか。一〇〇位以内に入れば、グランドスラム大会の本選に予選なしでダイレクトに出場できます。そのラインを突破した男子の日本人選手は、錦織以前は松岡修造さんだけでした。松岡さんのキャリア・ハイは、四六位です。

ところが錦織は五〇位以内を軽々と達成してしまいました。グランドスラムにダイレクトで出場できるどころか、常にシード選手として戦っています。このポジションを何年もキープするのは、それだけで偉業と呼んでいいでしょう。

錦織はなぜファイナルセットに強いのか

その偉業を支えているのが、錦織が小学生時代から持っていた駆け引きのセンスです。

そもそもテニスは相手あってのスポーツですから、「自分のよいところを出す」だけではなかなか勝てません。相手の体格やプレースタイル、サーフェスやその日の天候などによって、戦い方は試合ごとに考える必要がある。錦織は、相手に合わせた戦術を考える能力が高いのです。

もちろん、それを考えるのは試合前だけではありません。試合中も、ボールを打ち合いながら相手のことを観察し、クセや弱点などを探します。さらに、いま相手が何をやろうとしているのかを読んで、その裏をかく方法を考える。ポイント間やセット間には、相手の表情や仕草などもよく見ているでしょう。そういう観察を通じて相手の隙を見つけて、競《せ》った試合での勝負所を見極めながら、自分のプレーを選択しているのです。

いまでも僕は、錦織の試合を見ていると、「戦っている」というより「遊んでいる」と感じます。調子のよいときは、相手の考えを完全に読み切って「はい、こっちに打てば一丁上がり」と余裕で楽しんでいるように見えますし、相手に先行されて劣勢に立たされた試合でも、焦っているようには見えません。常に挽回《ばんかい》の手を考えて、「どこかで必ずひっくり返せる」とタイミングを見計らっているように感じます。

そういう駆け引きをしながら試合をつくっていく選手なので、錦織は基本的にスロースターター。最初から相手をガツンと打ちのめすのではなく、出方をうかがいながらジワジワと追い詰めていくのが錦織らしいやり方です。

それが自分本来のペースだから、長時間のもつれた試合になっても集中力が切れたりしません。よく知られているように、錦織はファイナルセットの勝率が歴代一位（二〇一九年九月末時点）。二位はジョン・マッケンロー、三位はノバク・ジョコビッチ（セルビア）、四位はビヨン・ボルグと聞けば、その記録の価値がわかるでしょう。

二〇一九年の全仏オープンでも、三回戦でジェレ（セルビア）、四回戦でペール（フランス）という難敵をフルセットで破りました。どちらも多くのファンが「もうダメだ」と諦めかけた試合展開だったので、錦織の驚異的な粘りを覚えている人も多いと思います。

ああいう試合をすると、メディアでは「諦めない精神力」といった言葉でメンタルの強さが賞賛されますが、僕はそれだけの話だとは思いません。もともと錦織はそういう勝ち方をしやすいスタイルの選手なのです。全仏オープンで四時間二六分という死闘の末にジェレを下した後、錦織は記者会見でこんな発言をしました。

「ほかの選手がどうなのかわからない。自分の中では、あまり（集中力が）落ちないような。ファイナルになると上がってくるような気はする」

「相手の癖を見つけることが先決かなと思います。コースだったり、パターンだったりをいち早く見極めることがいちばん心がけていることかなと思います」

じっくり駆け引きをしながら相手を追い込んでいく彼のスタイルがよくわかるコメントだと思います。

ですから、むしろ試合開始早々から相手を圧倒しているときのほうが見ていて不安になってしまうのが、錦織という選手。実際、二〇一九年の全仏オープンの前には、序盤で大きくリードしながら途中でペースダウンし、逆転負けを喫する試合も目立ちました。

ファンとしては先にどんどん相手のサービスをブレイクしてくれたほうが安心するでしょうし、もちろんそれ自体は悪いことではありません。しかしそれよりも「錦織らしさ」を貫いてくれることのほうが大事なのです。

「バックハンドのクロスの打ち合い」がラリーの基本

さて、錦織の技術についてもお話ししておきましょう。当たり前ですが、どんなに駆け引きの能力が高くても、自分の狙いを形にするだけの技術がなければ勝てません。世界のトップクラスで戦うには、自分ならではの武器も必要です。

では、技術面で錦織の最大の武器は何か。それは「バックハンド」のショットです。その鋭さと精度の高さは、世界の中でも超一級品。これがなければ、彼の駆け引き能力も生かされません。

錦織のバックハンドというと、いわゆる「ダウン・ザ・ライン」のウィニングショットを思い浮かべる人が多いでしょう。ダウン・ザ・ラインとは、サイドライン沿いに打つストレートのこと。まずクロスコートへのショットで相手を逆サイドに動かしてから、オープンコート（相手のいないエリア）をストレートで打ち抜くエース（ウィナー）は、見ていても気持ちのよいものです。

ここでちょっと基本的なことを説明しておくと、そもそもストレートはクロスよりもリスクの高いショットです。なぜなら、まずコートの対角線上に打つクロスは距離がストレートより長いので、相手のコートに入れやすい。また、テニスのネットは真ん中のあたりが両サイドよりも少し低くなっています。そのため、ネットの真ん中を通すクロスより、両サイドを通すことが多いストレートのほうがミスする確率が高いのです。

ラリーがまずはクロスの打ち合いから始まるのも、そのほうがリスクが低いから。それも、フォアハンドではなくバックハンドのクロスを打ち合うのがラリーの基本です。お互いにフォアで強打されたくないので、相手のバック側に打つ。その打ち合いから、どちらが先にリスクを負ったショットを打って仕掛けるかが見どころです。

とはいえ、見ていてやや退屈に感じるかもしれないクロスの打ち合いも、単なる「様子見」ではありません。自分から先にストレートで仕掛けるには、そのための準備が必要です。逆サイドに戻れないよう相手をコートの外側に追い出したり、相手の返球が浅くなるよう深いボールを打ったりしたほうが、ストレートの攻撃は決まりやすいでしょう。

錦織の得意技といわれる「バックのダウン・ザ・ライン」も、その前にいいクロスがなければ決まりません。そして錦織は、その「バックのクロス」がすばらしい。並みの選手がウィニングショットで打つようなバックのクロスを、通常のラリーの中で「つなぎ」のボールとして打てるのが錦織の強みです。ライン内側のギリギリのところに低い弾道のボールが鋭く入るので、相手は対応が簡単ではありません。このクロスが厳しいから、ストレートのショットが生きるのです。

錦織はスライスも含めたバックハンドの総合力が高い

ところで錦織のバックハンドには、もうひとついいところがあります。「両手打ちなのにスライスもうまい」という点です。そう聞いただけでは意味がよくわからないでしょうから、これについても基本的なことから説明しましょう。

バックハンドには、片手打ちと両手打ちの二種類があります。いまは両手バックハンドの選手が主流なので、片手バックハンドの選手のほうが目を引くかもしれません。フェデラーやスタン・ワウリンカ（スイス）、若手ではチチパスが片手バックハンド。僕自身もバックハンドは片手です。

僕らの世代あたりまでは、フォアハンドもバックハンドも「子どもは両手、大人は片手」で打つのが当たり前だと思っていました。昔は子ども用のラケットがなく、小学生も大人と同じラケットを使っていたので、片手だとうまく打てません。だから最初のうちはみんな両手打ちで練習する。やがて体が成長してパワーがついてくると、指導者に「そろそろ片手で打ってみようか」といわれて、両手打ちをやめるのです。

それが「大人扱い」の象徴のようなものでしたから、片手打ちを始めるのは子どもにとってうれしいことでした。同年代の選手同士で「え、おまえはもう片手で打たせてもらえるの？　いいなぁ」といった会話もよくしていたものです。

しかしいまは子ども用の軽いラケットがあるので、早い段階からフォアもバックも片手で打てるようになりました。ならば、片手バックハンドの選手が多くなりそうです。ところが実際には、両手バックハンドのほうが多い。それは、バックハンドについては片手で打つよりもメリットがあるからでしょう。単純な話、片手より両手のほうが強いショットを打つことができます。また、添えた手でラケットの角度などを微妙にコントロールできるので、ショットの精度も片手より高くなるのです（ちなみに、両手バックハンドは利き腕のほうをメインで使うとはかぎりません。右利きの選手でも、おもに左腕でラケットを押し出すように振り、右手は添えるだけという人もいます）。

ただし、両手バックハンドはよいことばかりではありません。デメリットもあります。というのも、両手バックハンドが基本スタイルの選手でも、すべて両手で打つわけではありません。バックのボレーやスライスは、みんな片手で打ちます。

すべてのバックを片手で打つ選手は、ふつうのストロークのあとにボレーやスライスを打っても、感覚的な違和感はありません。しかし両手バックハンドの選手は、両手でストロークを打った直後に片手でボレーやスライスを打つと、微調整で頼りにしている手を使えないので感覚がずれやすい。そのためミスをするリスクが高いのです。

とくにバックスピンをかけて打つスライスは、ラリーに緩急の変化をつけて相手を揺さぶる武器として大切なショット。これが正確に打てないと、駆け引きのためにやれることの幅が広がりません。

しかし錦織は、先ほどいったとおり、両手バックハンドなのに片手で打つスライスもうまい。これも彼の強力な武器のひとつです。緩急をつけるためのスライスが打てるから両手バックハンドの鋭いクロスもより生かされるし、その鋭いクロスがあるからこそストレートのエースも見事に決まる。目立つのは「ダウン・ザ・ライン」ですが、バックハンドの総合力が高いことが錦織の強みなのです。

じつはバックハンドより不安定になりやすいフォアハンド

一方、フォアハンドのほうは、昔からやや不安定なところがありました。以前はそれが弱点に見えないようにプレーしていたと思いますが、ここ数年は錦織にバックハンドを打たせたくない相手がフォア側を攻めることが増え、ミスが目立つようになっています。

大きな大会で結果を出してランキングが上がると、ライバルたちが寄ってたかって対策を練るようになるので、弱点を突かれるのは避けられません。とくに全米オープンで決勝に進出してからは、「錦織のバックハンドは要注意だ」という認識がほかの選手たちに共有されたのでしょう。

錦織のフォアハンドがバックハンドよりも不安定だと聞くと、不思議に感じる人もいるかもしれません。フォアのほうが技術的に簡単そうなイメージがあるからです。

たしかに、錦織とは逆に「フォアよりバックのほうが苦手」という選手のほうが多いのは事実でしょう。でも、それはバックのほうが難しいからではありません。テニスをやり始めるときに、ほとんどすべての人がまずフォアの練習から入るせいだと僕は思っています。ある程度フォアでのショットに馴染《なじ》んでからバックの練習を始めるので、苦手意識が芽生えてしまうのでしょう。

しかしテニスのショットはフォアとバックがほぼ半々なので、考えてみれば、フォアの練習から始める理由はとくにありません。もし先にバックの練習から始めたら、おそらくフォアのほうに苦手意識を持つようになるのではないでしょうか。

ともあれ、フォアとバックのどちらが難しいかは、一概にはいえません。ある意味では、フォアのほうが難しい面もあります。

かなり専門的な話になってしまいますが、フォアとバックではボールをとらえる打点の範囲が同じではありません。バックは範囲が狭いので、正確に打ち返すには「ここ」というポイントでとらえる必要があります。それに対してフォアは対処できる打点の範囲が広いので、いくらか予測がずれても対応できます。たとえば相手のボールが速くて打点が後ろになったときは、ラケットを上向きにスイングする。バックでは、このような対応ができません。フォアのほうが融通が利くし、ショットの選択肢も多いのです。

それならバックのほうが難しいだろうと思うでしょうが、話はそう単純ではありません。バックは「ここ」というポイントを狙ってスイングするので、ショットが乱れにくい。逆にフォアは「どこでも打てる」という安心感がある反面、いろいろなことができてしまう分、迷いが生じてスイングがブレやすいのです。

だから僕は自分の試合で勝負どころを迎えると、あまり相手のバックを狙いません。バックだと無理をせずシンプルに返球するので、なかなかミスをしてくれない。むしろフォアで打たせたほうが、攻める気持ちになって余分な力が入ったり、ライン際の難しいコースを狙ったりした結果、ミスになることが多いのです。

グリップの「厚い」選手の強みと弱点

また、錦織のフォアが不安定になるのは、グリップ（ラケットの握り方）の影響もあります。これもやや専門的な話ですが、簡単に説明しておきましょう。

グリップの握りは、「薄い」「厚い」という言葉で表現されます。いちばん薄いのは「コンチネンタルグリップ」と呼ばれる握り方。これは包丁を握るようなイメージです。逆にいちばん厚いのは「ウエスタングリップ」で、こちらは地面に置いたラケットを真上から握った形。コンチネンタルとウエスタンでは、ラケットの角度が九〇度違います。ウエスタンよりも厚く握る「エクストリームウエスタングリップ」という極端な握り方もありますが、基本的にはその九〇度の範囲内に収まると思ってください。テレビ中継では選手の手元がアップになることも多いので、それぞれの選手がどのくらいの「厚さ」でラケットを握っているかを見てみるといいでしょう。

薄いグリップと厚いグリップにはいろいろな特徴がありますが、錦織が少年時代から厚いグリップを選んでいる理由のひとつは、身長が低いことだと思います。というのも、高いボールを打つ場合、薄いグリップだと力があまり入りません。胸や肩ぐらいの高さのボールを強く叩くには、厚いグリップのほうが適しているのです。

ただし厚いグリップには、逆に低いボールが打ちにくく、ラケットの届く範囲（リーチ）も狭いという難点があります。ですから、錦織のような厚いグリップの選手のフォアを封じようとするなら、ボールが外側に逃げていくワイドサーブや低い弾道のショットな

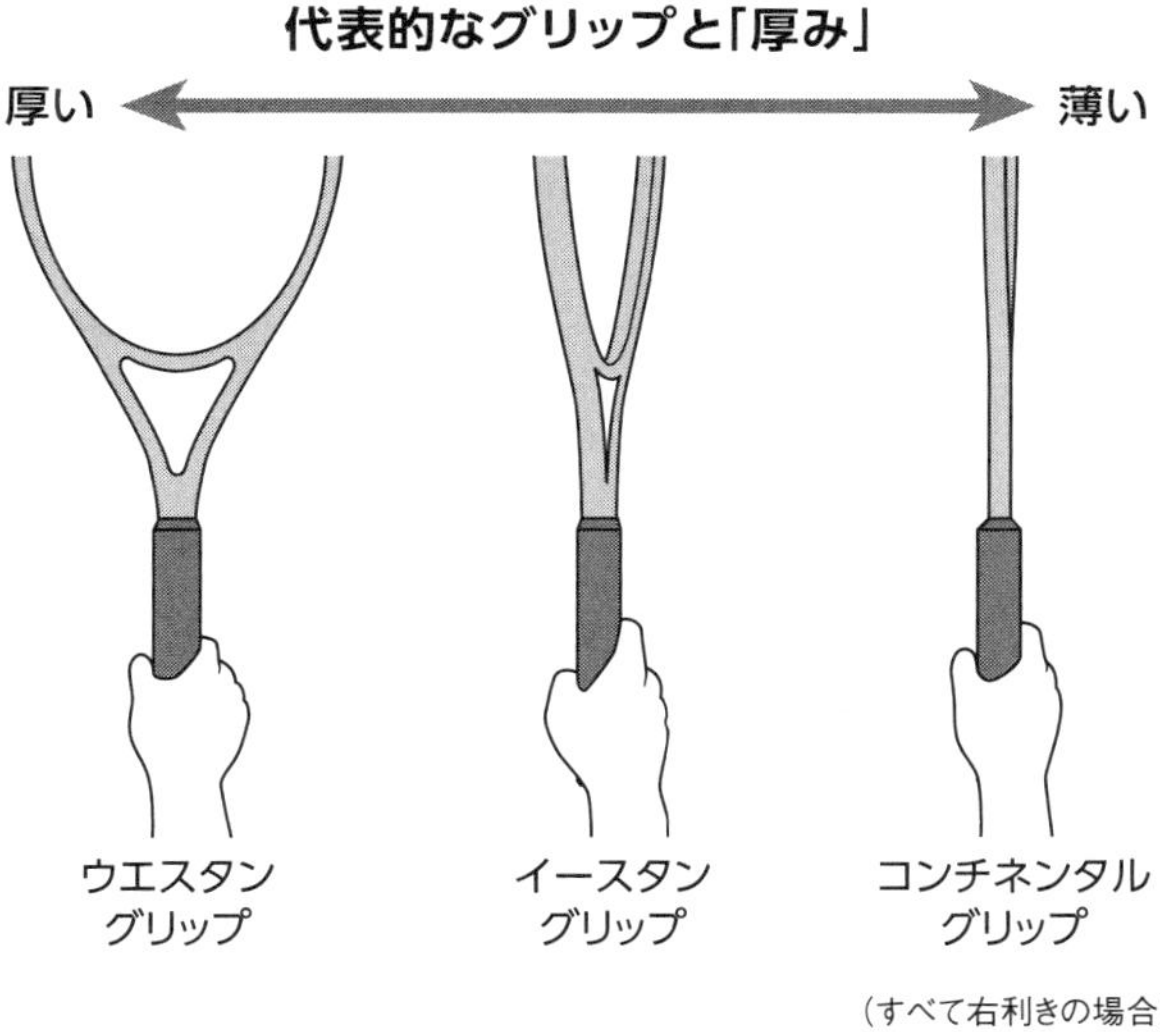

どで攻めるのが有効でしょう。

もちろん錦織も相手が自分の弱点を突いてくるのはわかっているので、どうすればそれを避けられるかを考えます。ファンとしても、対戦相手が考えそうなことを想像した上で、錦織がそれにどう対応するかを見るのが面白い。そういうところに、まさにテニスならではの「駆け引き」の妙があるわけです。

駆け引きの巧みさやバックハンドの技術のほかにも、錦織にはここでは書き切れないほどたくさんの長所があります。強い選手は世界に大勢いますが、その中でも錦織は、彼にしかない個性の持ち主。何より、見ていてワクワクする楽しいテニスをしてくれる選手であることは、僕が説明するまでもなく、多くのファンが認めるでしょう。

それは、日本のファンだけではありません。フェデラーともナダルともジョコビッチとも違うテニスを見せてくれる錦織には、どの国に行っても多くのファンがいます。グランドスラムやマスターズなどで勝つという「結果」も大事ではありますが、それだけを求めるのではなく、まずは彼のテニス自体を楽しんでください。

全仏と全英の連続優勝が難しい理由

錦織の話が長くなってしまいました。ここからは、その錦織（だけでなく多くの選手）にとって大きな壁として立ちはだかる「ビッグ3」を順に取り上げます。

まずは「史上最高のテニスプレーヤー」とも称されるフェデラー。グランドスラムの優勝回数（二〇一九年現在で二〇回）は歴代最多ですから、その呼び名に文句をつける人はいないでしょう。

とくに目立つのは、グラス（芝）コートでの強さです。ウィンブルドン（全英オープン）では二〇〇三〜〇七年までの五連覇を含めて、八回優勝。ハードコートでも、全豪で六回、全米で五回優勝しています。

しかし、クレーコートではなかなか勝てませんでした。ほかの三大会は二〇〇四年までに初優勝を果たしていますが、全仏を初めて制したのは二〇〇九年。いまのところ、全仏優勝はその一回しかありません。それでキャリア・グランドスラムを達成したのですからすばらしいことなのですが、「史上最高」と呼ばれる選手でも優勝回数にそういう差が生じてしまうほど、サーフェスの違いはプレーに与える影響が大きいのです。

芝とクレーの最大の違いは、ボールのスピード。コートにもよりますが、基本的にはいちばん速いサーフェスが芝で、いちばん遅いのがクレーだと思っていいでしょう。さらに、ボールの弾み方も大きく異なります。芝はバウンドが低く、クレーは高く弾む。同じテニスとはいえ、この違いは選手にとってなかなか厄介です。

しかも、クレーの全仏オープンと芝のウィンブルドンは短期間のうちに立て続けに開催されるので、プレーの切り替えが容易ではありません。そのため、クレーを得意とする選手の中には、全仏が終わってグラスコートシーズンに入るとあまりがんばらず、「しばし休養」のような状態になる人もいます（逆もまたしかり。グラスコートシーズンに照準を合わせてクレーを休みがちな選手もいます）。

ですから、グランドスラムの中でも全仏とウィンブルドンを同じ年に連覇するのは至難の業。一九六八年にグランドスラム大会がオープン化して以降、それを成し遂げたのは二〇〇九年のフェデラーを含めて四人しかいません。全仏初優勝でキャリア・グランドスラムを達成した直後ですから、ちょっと気が抜けても不思議ではありませんが、その年のウィンブルドンでも優勝できたのは、精神力が強いのに加えて、それだけグラスコートとの相性がいいということでもあるでしょう。

なぜサーブ&ボレーの選手が急減したのか

フェデラーがグラスコートで強いのは、彼が巧みなサーブとネットプレーを武器にしていることがひとつの要因です。ボールが速くて弾道の低いサーフェスでは、それが相手にとって大きな脅威になる。逆に、遅くて高く跳ねるクレーコートでは、それらのショットがあまり効きません。

また、フェデラーのプレースタイルについては、オールラウンドという印象を持つ人も多いと思います。ときには強烈なサーブで相手にいいリターンをさせず、すかさずネットに出て華麗なボレーを決めるサーブ＆ボレーのシーンには、いかにもフェデラーらしい軽やかさがあります。

でも僕は、フェデラーがサーブ＆ボレーの選手だとは思いません。むしろ、基本的にはストローカーだと思っています。

フェデラーの話からは少し逸《そ》れますが、そもそも現在のテニス界では、サーブ＆ボレーを基本スタイルとする選手はきわめて少数派。ＡＴＰツアーに出場する選手の九割はストローカーだといっていいでしょう。

昔は違いました。九〇年代中盤まではサーブ＆ボレーのスタイルが主流派で、おそらく半分以上がそうだったと思います。それが急激に減ったのは、テニス界全体でサーフェスが変えられたのが原因でした。

というのも、サーブ＆ボレーの選手が多いと、とくにウィンブルドンでは試合中に長いラリーがあまり見られません。サービスエースをポンポンと決めて、あっという間に一ゲームが終わってしまうこともあります。これでは見ていて面白くない――というわけで、グラスコートとハードコートがそれまでよりボールが遅くなるように変化していきました。

人工的な素材を使うハードコートはもちろん、天然芝のグラスコートも意図的にボールの速さを変えることはできます。強くて硬い品種を使うと、芝が常に立った状態になるので、寝ている芝よりもボールにブレーキがかかる。昔のウィンブルドンは大会後半になると芝がはげてコートが白っぽくなったものですが、いまは長持ちする強い品種を敷き詰めているので、そうはなりません。それだけ芝が硬く、「遅いコート」になったわけです。

コートが遅くなると、サーブ&ボレーのスタイルは不利。速いサーブを打ったつもりでも、弾んだあとに遅くなるので、相手は時間的な余裕があります。そのため、ネットに出ると横を抜くパッシングショットを決められたり、頭上を越すロブを打たれたりして、ボレーでポイントを簡単に取ることができません。

また、コートが遅くなったのに加えて、ボールも以前より硬くなりました。それらの変化の結果、サーブ&ボレーの選手が減ってほとんどがストローカーになり、長いラリーの多い試合が増えました。現在のテニスは、ストローク力がなければ勝つのが難しいのです。

フェデラーがあの年齢でも戦えるのは「走り方」にも秘密がある

フェデラーの話に戻りましょう。

もちろん彼の場合、遅くなったコートでも見事にサーブ&ボレーを決める力を持っています。でも、それが基本スタイルというわけではありません。「何でもできるオールラウンダー」という見方もできるとは思いますが、ベースの部分で大事にしているのは、やはりストローク。年齢を重ねて体力的な問題もあるので、ネットプレーで早く決着をつけようとする場面は増えたかもしれませんが、重要な局面ではストローク戦で確実にポイントを取りにいっているように感じます。

そのストロークでいちばんの武器は、フォアハンド。フェデラーといえば片手バックハンドのきれいなショットがしばしば注目されますが、かつてはどちらかというとバック側が弱点でした。

とくにクレーコートでなかなかナダルに勝てなかった頃は、バックを徹底的に攻められていたものです。フェデラーもバックが下手というわけではないので、スライスもまじえながら打ち返すことはできるものの、フォアを封じられると攻撃ができない。そのためいまでも、対戦相手はフェデラーのバックにボールを集める傾向があります。

ただし、あの年齢になっても弱点を克服しようと進歩するのがフェデラーのすごいところ。数年前に故障からカムバックしたときには、バックハンドのショットが上達していました。それ以前はラリーのつなぎに使うことが多かったバックハンドで、ミスをおそれずに攻撃的なボールを打つようになったのです。その変化がなければ、三〇代後半を迎えてもなお「ビッグ3」の一角としての地位を守り続けることはできなかったでしょう。

また、なぜフェデラーがいまの年齢になってもトッププレーヤーとして戦えるのかを考えるときは、彼の「走り方」も見逃せないポイントです。

テニスは球技なので、どうしてもボール扱いの技術に注目しがちですが、サッカーやバスケットボールなどもそうであるように、どんなに技術が高くても走れなければいい選手にはなれません。とりわけここ一〇年ほどのテニス界は、走れることが大事。走れない選手はATPツアーで生き残るのが難しい。つまりベテランになって体力が落ちるほど、苦しくなるわけです。

しかしフェデラーは、いまでも走力がほとんど落ちません。相変わらず、涼しい顔で軽やかに動き回ります。あの美しい動き自体が、フェデラーの特徴といってもいいでしょう。スムーズで、無理をしているように見えず、優雅にさえ感じられる。ああいう走り方をする選手は、ほかにあまり見られません。

あの特徴的な走り方の秘密は、僕が見たところ、「足首」の使い方にあります。僕自身、トレーナーに「膝から下を使って動け」といわれたことがありました。長い距離を走るときやスピードを上げるとき以外は太腿の力をあまり使わず、足首やふくらはぎを使って動いたほうがエネルギーの消耗が少なく、効率がいいそうです。

そういう「燃費」のいい走り方をしているから、フェデラーの動きは無駄がなくエレガントに見えるし、あの年齢になっても走り負けることがないのでしょう。

前に錦織のプレーが遊んでいるように見えるという話をしましたが、フェデラーも「遊び心」を感じさせる選手のひとり。数年前には「セイバー」という奇襲ショットを開発(?)して、ファンを(対戦相手も)驚かせました。相手のセカンドサーブのとき極端に前に出て、ハーフボレーでリターンエースを決めてしまう技です。練習のときに冗談半分でやってみたプレーが意外とうまくいったので、本番でもやり始めたのだと思います。そうやってテニスの楽しさを広げてくれるフェデラーには、華麗なプレーを見せ続けてほしいと思います。

クレーコートではトップスピンが有効

そのフェデラーと熾烈《しれつ》なライバル関係を長く続けているのが、次に取り上げるナダルです。二〇一九年の全米オープンを制した時点で、グランドスラムの優勝は一九回。そのうち一二回が全仏という、誰もが認める「クレー・キング」です。

では、どうしてナダルはクレーコートでそんなに強いのか。序章でも少し触れたとおり、そこにはさまざまな要素が関わっています。

まず、ナダルにかぎらず、スペインの選手たちは昔からクレーで強さを発揮してきました。国内の大会にクレーコートが多いので、子どもの頃からそこでのプレーに馴染んでいるのです。

どの選手もクレーコート向きのプレースタイルなので、スペインは「クレーで強い」というより「クレーでしか勝てない」という印象も以前はありました。その流れを変えたのは、いまナダルのコーチを務めているカルロス・モヤ。僕と同世代の名選手ですが、彼の時代になってようやく「スペイン人もハードコートで通用するテニスができるようになった」といわれたものです（もっとも、そのモヤもグランドスラム優勝は全仏の一回だけです。全豪で準優勝、全米でベスト4はありますが、芝のウィンブルドンは四回戦までしか進んでいません）。

したがってナダルがクレーで強いのも、「スペインで育ったから」というのがひとつの答えではあるでしょう。とはいえ、ナダルほどの実績をクレーで挙げているスペイン人はほかにいないのですから、当然それだけでは説明できません。

また、ナダルといえば強烈なトップスピンをかけたストロークが大きな武器です。これがクレーで強いひとつの理由であることも、いうまでもありません。

トップスピンとは、ラケットを下から振り上げるようにして打つことで縦回転をかけたボールのこと。よく「こすり上げるように打つ」といわれますが、これはあまり正確な表現ではありません。卓球の場合はラケットのラバーでこすり上げるのだと思いますが、テニスの場合はラケットに張ったストリング（ガット）にボールの毛を引っかけるようにして打つ。そう表現したほうが、実感に近いでしょう。

したがって、スピンのかかり具合はストリングの材質によって違います。もともとテニスラケットのストリングは、羊の腸を使っていました。現在はほとんど牛の腸ですが、昔の名残で「シープ」とも呼ばれているナチュラルガットはプロ選手も多く使用しています。

しかし今の主流は、ポリエステルのストリング。このような用具の進歩は、選手のプレースタイルに大きな影響を与えます。ポリエステルのストリングが進歩するにつれて、トップスピンを武器にする選手も増えました。ナダルも基本的にはポリエステルを使用しているようです。

クレーコートはボールが遅くて高く跳ねるのが特徴ですが、トップスピンをかけたボールはバウンド後にあまり失速しません。高くバウンドしながらも伸びるボールになるので、相手は対応が難しい。だからクレーコートではトップスピンが武器として有効です。

ナダルが強いのは「左利き」だから

とはいえ、ストリングの進歩もあって、いまは強いトップスピンを打つ選手がたくさんいます。もちろんナダルのトップスピンはその中でも一級品ですが、それだけではクレーコートでここまでの成績を残せてはいないでしょう。

彼が「クレー・キング」になった背景には、もうひとつ大きな要因があります。「もうひとつ」というより、それが最大の要因だといえるかもしれません。

それは、ナダルが「左利き」であることです。いったいどういうことだ？　と首をひねる人もいるでしょう。

そもそもテニスでは、左利きが右利きよりも基本的に有利です。理由は単純で、左利きのほうが少ないから。右利きと左利きではフォアとバックが逆側になりますし、サーブをはじめとしてボールの軌道も逆になります。たとえばデュースサイド（レシーブ側から見て向かって左側）からスライスサーブ（横回転のサーブ）を打った場合、右利きならコートの外側に逃げていくワイドサーブになりますが、左利きだとコートの内側に曲がってくる。選手たちはふだん右利きと多く試合をしているので、こうした違いに慣れるまでにはどうしても時間がかかります。

これは、左利き同士の試合でも同じこと。自分は左利きでも、対戦相手は右利きが多いので、やはり左利きが相手だとやりにくい。そのため左利き同士の試合は、何となくお互いにギクシャクした感じで始まることが多いものです。

でも、一般的に左利きが有利だというだけでは、ナダルがクレーで強い理由にはなりません。彼の場合、左利きであることに加えて、あの強烈なトップスピンを打ち続けられることが、クレーでの強さを生んでいます。

前に、ラリーの基本は「バックハンドのクロスの打ち合い」だといいました。しかし利き手が違うと、そうはなりません。右利きの選手がバックハンドで打つクロスは、左利きの選手のフォア側に飛びます。フォア対バックでは、やはり強いボールを打てるフォアのほうがラリーの主導権を握りやすい。右利きの選手が左利きの選手にバックで打たせるためには、難しいストレートを打たなければなりません。

しかもナダルがフォアで打つストロークには強いスピンがかかっているので、右利きの選手は速くて高く弾むボールをバックハンドで処理することになります。これが、技術的にはかなり難しい。そのため駆け引きのベースとなるクロスの打ち合いを、ナダルはきわめて有利に進められるわけです。前にお話ししたとおり、フェデラーがクレーでなかなかナダルに勝てないのも、バック側を徹底的に攻められるからでした。

もちろんナダルの場合、走力をはじめとするフィジカルの強さや戦術的な駆け引き能力なども、高いレベルで備わっています。彼のテニスは、豪快なストローク一発で強引に決めるようなスタイルではありません。相手の嫌がるところに次々とボールを打ち分けながら、より確実に決められるように理詰めでラリーを進めていきます。そういう能力は、利き腕とは関係ありません。

しかし彼が右利きだったら、ほかの能力が同じでも、フェデラーに次ぐほどの実績は挙げられなかっただろうと思います。それぐらい、左利きという要因が大きいのです。

いまも進歩し続けるフェデラーとナダルの偉大さ

ナダルにクレーコートで勝つのはじつに難しいのですが、彼にとってちょっと戦いにくいタイプがいないわけではありません。ナダルがフォアで打つトップスピンのクロスをあまり苦にしないタイプ、つまりバックハンドのうまい選手です。このタイプが相手だと、クロスの打ち合いが「フォア対バック」になっても、必ずしもナダル有利にはなりません。ですから、世界でも屈指のバックハンドの使い手である錦織は、ナダルにとって嫌な相手。対戦成績はナダルが大きくリードしていますし、クレーではまだ勝ったことがない錦織ですが、リオ五輪の三位決定戦では勝って銅メダルを手にしました。

クレーコートの大会でも、大善戦をしたことがあります。二〇一四年のマドリード・オープン。決勝でナダルと対戦した錦織は、得意のバックハンドが冴《さ》え渡っていました。ナダルは打つ手がないような戦いぶりで、錦織が第一セットを6－2で取ります。ところが錦織は試合中に腰を痛めてしまい、第二セットを4－6で落とすと、第三セットの途中で無念のリタイア。故障さえなければ、クレーのマスターズ決勝でナダルを下して優勝という大きな勲章を手にしていた可能性が十分にありました。

もっとも、フェデラーがいまも進歩し続けているのと同様、ナダルもどんどん新しい技術や戦術を取り入れているので、勝つのは簡単ではありません。

二〇一五年に全仏準々決勝でジョコビッチに敗れて連覇が途絶えるなどクレーコートで不調に陥ったり、二〇一六年には故障でツアーから離脱するなど、ナダルにも苦しい時期がありました。しかしその後は、スライスやネットプレーを増やすなどプレースタイルを少しずつ変えながら、再び「クレー・キング」として君臨しています。

錦織は二〇一九年の全仏オープン準々決勝でナダルと対戦しましたが、ストレートで完敗。その前に過酷なフルセットマッチが続いた錦織は体力的に難しい状態ではありましたが、さらに強くなったナダルの存在感を見せつけられるような試合でした。

最近のナダルを見ていると、サーブにも新しい工夫を加えています。たとえばスピンの回転量を減らして、サービスエースを狙う。年齢的なことを考えて、ショートポイントを増やそうとしているのかもしれません。ふだんから「もっと上達したい」と貪欲な向上心を見せるナダルですが、あれほどの実績がありながら、そうやって新しいことにトライする姿には本当に頭が下がります。

そういう点で、フェデラーとナダルは現在のテニス界、いや、テニスの長い歴史の中でも特別な存在だといえるでしょう。グランドスラムのタイトル数を増やしたいとか、ランキングを上げたいとか、賞金を稼ぎたいとか、そういったモチベーションはとっくに超越してしまい、ひたすら「もっとレベルの高いテニスをしたい」と自分自身のプレーを磨き上げることを目指しているようにさえ感じます。

そんなふたりが同じ時代にライバルとしてしのぎを削っているのは、テニスファンにとってじつに幸運なこと。フェデラーとナダルの直接対決は、これからも絶対に目の離せない試合として、テニスの歴史を刻んでいくだろうと思います。

どのサーフェスでも満遍なく勝つジョコビッチ

そのフェデラーとナダルに次いでグランドスラム優勝回数が多いのが、ジョコビッチです。二〇一六年に全仏オープンを制してキャリア・グランドスラムを達成したのに加えて、二〇一八年には「キャリア・ゴールデンマスターズ」も達成しました。年に九つ開催されるマスターズ1000は、グランドスラムに次いで格の高い大会。そのすべてに優勝するキャリア・ゴールデンマスターズは、フェデラーもナダルも成し遂げていません。長いテニスの歴史の中で、いまのところ唯一ジョコビッチだけの勲章です。

そのジョコビッチがまだ一七歳だった頃に、僕はヘルシンキで行われたチャレンジャーツアー（ATPワールドツアーの下部ツアー）で一度だけ対戦して勝ったことがあります。

当時はセルビア（そのときの国名はセルビア・モンテネグロ）の選手がめずらしかったので、「いい選手が出てきたらしい」と関係者のあいだでも噂になっていました。

でも、たしかにいい選手ではありましたが、まだ体も大きくなかったこともあり、それほどの将来性を感じなかったというのが正直なところです。ランキング一〇〇位以内には入るだろうと思いましたが、まさかグランドスラムで何度も優勝して世界ランク一位になるなんて想像もできませんでした。

対戦してあまり強い印象を受けなかったのは、フェデラーやナダルのような突出した個性が当時ジョコビッチにはなかったせいかもしれません。もちろん、守備範囲の広さや正確無比のショットなど超一流の技術や能力は持っていましたが、「これがジョコビッチのテニスだ」といえるような特徴があまり見当たらなかったのです。

しかし逆にいえば、「この選手ならでは」の武器が目立たないほど、総合力が高いということ。それがジョコビッチの強さの理由でしょう。受験生でいえば、フェデラーやナダルは常に一〇〇点満点を取る得意科目がある一方で、七〇点ぐらいしか取れない科目もある。ところがジョコビッチの場合、一〇〇点満点はないものの、あらゆる科目で九五点ぐらい取る実力があるので、得意科目といえるものがないわけです。

だからこそジョコビッチは、どんなサーフェスでも満遍なく勝っています。クレーはナダルという強敵がいるので全仏オープンの優勝は一度だけですが、マスターズではクレーの大会を何度も制してきました。どんなサーフェスも苦にしない強さがあるから、キャリア・ゴールデンマスターズを達成することもできたのです。

たとえば「どのサーフェスならフェデラーに勝てそう?」と聞かれたら、多くの選手は「クレー」と答えるでしょう。相手がナダルなら、みんな芝かハードコートを選ぶはず。しかし「どのサーフェスならジョコビッチに勝てそう?」と聞かれたら、選ぶのがかなり難しい。どのサーフェスでも勝つのは難しそうなので、とりあえず自分の得意なサーフェスを答えるしかないでしょう。ジョコビッチはサーフェスを選ばないから、年間を通じて高い勝率をあげることができるのです。

不調でも執念深く戦うジョコビッチのずる賢さ

もし、フェデラーやナダルにはないジョコビッチの特徴をひとつ挙げるとするなら、それは勝負に対する執念のようなものかもしれません。

もちろん「試合に勝ちたい」と思わない選手はいませんが、ジョコビッチには「どんなことをしてでも勝つ」という姿勢があるように感じます。いいテニスをすることよりも、勝つことが大事——というのはいい過ぎかもしれませんが、自分の調子が悪くても何とかして勝とうとする執着心は、誰よりも強いのではないでしょうか。

そういう戦い方を支えているのは、やはり彼の守備力です。ジョコビッチには、フェデラーのような鋭いサーブやフォアハンドはないし、ナダルのようなトップスピンもありません。バックハンドの切れ味も錦織のほうが上です。でも、彼の守備には「穴」が見つからない。どこに打っても返球されるので、相手はどうやって攻めればよいのかわかりません。

ジョコビッチの試合を見ていて僕がときどき思い起こすのは、イタリアサッカーの「カテナチオ」と呼ばれる戦術です。カテナチオとは「閂《かんぬき》」のこと。最近はどうなのかわかりませんが、かつてのイタリアはゴールに鍵をかけるような守備的な戦術をよく採用していました。ひたすら守備を固めて相手を〇点に抑え、一発のカウンター攻撃やＰＫをあっさり決めて1－0で勝つスタイル。ファンのあいだでは賛否両論ある戦い方ですが、そういうある種の「ずる賢さ」がジョコビッチにもあります。

プレー以外のところで相手をイライラさせるようなことをするのも、彼のずる賢さの表れでしょう。たとえば、さほど深刻な状態とは思えないのにメディカル・タイムアウトを取ることが以前はありました。どんな状態なのかは本人にしかわかりませんが、相手は自分が上り調子のときにそれをやられると「おいおい本当に痛いのか?」などと思ってしまいます。実際、それで相手のリズムが乱れて流れが変わることもよくありました。

サーブの前に何度もボールをついて時間をかけるのも、ジョコビッチの対戦相手がリズムを乱しやすい要因のひとつです。

もっとも、時間がかかるのはジョコビッチだけではありません。ナダルもショットクロックを横目で見ながらギリギリまで時間を使うことが多いですし、マリン・チリッチ(クロアチア)が三〇回ぐらいボールをつくのを見たこともあります。どの選手でも、サーブの狙いに迷いがあるときなどに時間がかかってしまうことはあるでしょう。ジョコビッチも、相手をイライラさせるためだけにわざとやっているわけではないと思います。そんなことをしたら、自分のリズムも乱れかねません。

しかしジョコビッチの場合、対戦相手にとって厄介なのは、サーブの動作が始まってからボールを打つまでの時間が早いことです。さんざん待たされてジリジリしているところに、シンプルな動作でサーブを打たれると、リターンのタイミングが合いにくい。そのあたりは、ジョコビッチ自身も意識しているのではないでしょうか。

錦織の連敗記録はいつストップするのか

また、自分のスーパーショットが決まったときに、両手を振ってスタンドの観客を煽《あお》り、応援を求めるような仕草をすることもジョコビッチにはよくあります。フェデラーやナダルは、まずそういうことをしません。勝つためには何でもするという彼の一面を表しているような気がします。

フェデラーやナダルがやらないことといえば、ジョコビッチがラケットをコートに叩きつけて折ってしまうシーンを思い浮かべる人も多いでしょう。フェデラーは若い頃にときどきやっていましたが、いまはやりません。ところがジョコビッチは、世界ランク一位という地位まで上り詰めたいまでも、しばしばラケットを折ります。

決して褒められたことではありませんし、真似《まね》してほしくありませんが、あれも含めて彼の戦い方なのでしょう。感情を抑えられないときは、観客からブーイングを受けることも承知の上で、ストレスを発散する。ラケットを叩きつける姿を見ると、相手は「メンタルが乱れている」と感じ、流れが自分に来ていると思います。

ところがジョコビッチは、あれをやるとスッキリするのか、落ち着きを取り戻してプレーがよくなることが少なくありません。わざとやっているとは思いませんが、結果的には「勝つために必要なこと」をやっているわけです。

いずれにしろ、多くのテニス選手にとって、ジョコビッチはあまり対戦したくない相手でしょう。誤解されると困りますが、彼には仲のよい選手が大勢いますし、コートの外で他人をイライラさせるような人間ではありません。でもいざ試合をするとなると、フェデラーやナダルとはちょっと違う意味でやりにくいし、「勝つのは難しいな」と思わせるところがあります。

いうまでもなく、日本のテニスファンにとっても、ジョコビッチはあまり対戦したくない嫌な相手。応援する錦織がなかなか勝てないので、「顔も見たくない」というファンもいるかもしれません。なにしろ錦織がジョコビッチに勝ったのは、準優勝した二〇一四年の全米オープン準決勝が最後です。二〇一九年の全豪オープン準々決勝でも錦織が途中棄権してしまい、連敗記録は一五まで伸びてしまいました。

この本が世に出たときには連敗がストップしていることを信じたいところですが、では、どうしたら錦織はジョコビッチに勝つことができるでしょうか。ほとんど天敵のような存在とはいえ、全米オープンも含めて二回は勝ったことがあるのですから、できないはずはありません。

錦織がジョコビッチに勝つ方法

もっとも、二〇一四年の全米オープンではジョコビッチが錦織のことをやや侮っていた面があります。「まだまだ自分を倒してグランドスラムの決勝に行けるほど強くはないだろう」と油断していたのではないでしょうか。

しかしやってみたら意外に手強くて、1－3で負けてしまった。それ以降のジョコビッチは、錦織戦でまったく油断していませんし、手を抜くこともありません。それどころか、それまであまり調子がよくない大会でも、錦織が相手となると突如として絶好調になるようにも見えます。ただでさえ強い勝利への執着心が、錦織戦ではさらに強まっているような気がしてなりません。ファーストセット第一ゲームの最初のポイントから「絶対に取らせないぞ」とでもいうような気迫を感じるのです。逆に、錦織が誰かに負けて大会を去ると、なぜかジョコビッチも早くに敗退してしまうことが何度かありました。

ともあれ、ジョコビッチが本気で錦織に向かってくるのは間違いありません。そのジョコビッチに対して、いかに戦うか。これは僕の個人的な見方にすぎませんが、最初から錦織が攻撃に出るのはあまり得策ではないように思います。

強い相手と戦うときは、誰でも「できれば先行したい」と思うものでしょう。先にブレイクしたり、ファーストセットを奪ったりしたほうが、自分のペースで試合ができそうな気がします。錦織も、本来は相手をジワジワと追い詰めるスロースターターであるにもかかわらず、ジョコビッチやナダルなどが相手となるとそうはなりません。序盤から攻撃を仕掛けて、試合を優位に進めようとします。

しかし、たとえ序盤にリードを奪えたとしても、途中から相手に捕まって逆転されてしまうことが少なくありません。とくにジョコビッチの場合、とにかく守備力が高いので、途中で攻撃が通用しなくなると何をしていいかわからなくなってしまいます。

それがジョコビッチの戦い方なのだとしたら、錦織のほうも最初は守備に徹してみるのもひとつの手でしょう。ふだんジョコビッチがやっていることを、やり返してみるのです。あえて攻撃的なショットを打たずに、じっくりと構えて延々とラリーをし続ける。そのプレーを通じて、「今日は一セットに二時間かかってもいいから、徹底的に走って拾いまくるよ」というメッセージを錦織が発信したときに、ジョコビッチがどう出るか。この連敗中、そういう戦い方を錦織は一度もしていないので、僕としてはそれを見てみたいという気持ちが強くあります。

ジョコビッチが「それならこっちは攻撃するよ」と考えるのか、守備合戦につきあって延々とラリーを続けるのか、それはやってみないとわかりません。ふだんとは逆に自分のほうがイライラし始めて、ミスをくり返す可能性もあるでしょう。

もちろん、逆に一方的な攻撃を食らって、錦織が簡単に一セットを落とすことも考えられます。でも、そうなったらまた次の手を考えればいい。五セットマッチのグランドスラムなら、二セット落としてもかまいません。相手に攻撃をさせているあいだに、「次」に活《い》かせる情報も仕入れることができるでしょう。そうやって相手の出方を見ながら駆け引きをするのが、錦織のスタイルでもあります。

この作戦がうまくいくかどうかはわかりませんし、当然、錦織は錦織で対ジョコビッチの戦い方をいろいろと考えていることでしょう。いずれにしろ、これだけ負け続けているのですから、何かファンにとっても見ていて面白い工夫をしてほしい。それこそ小学生時代から見せていた「まるで遊んでいるようなテニス」でジョコビッチを倒すことができたら、ファンにとっても本人にとっても最高の試合になるのではないでしょうか。

第二章　選手たちはどんな環境で戦っているのか

いまのATPツアーはかつてないほどハイレベルで豪華

錦織、フェデラー、ナダル、ジョコビッチ。前章では、彼らの個性を語りながら、テニスの技術に関する一般的な知識についてもお話ししてきました。もちろん、この四人以外にも、ぜひその楽しいプレーを見てもらいたいと思う選手はたくさんいます。

たとえば、フアン・マルティン・デル・ポトロ（アルゼンチン）。故障に苦しんでいるのが残念ですが、破壊力抜群のフォアハンドや強力なサーブなど、「ビッグ3」に真正面から対抗できるだけのポテンシャルは十分に持っています。実際、二〇〇九年の全米オープンで優勝したときは、ひとつの大会でフェデラーとナダルを共に下した初めての選手となりました。パワフルなプレースタイルに反して物腰がおっとりしており、ユーモアのセンスもあるので、日本でもファンは多いでしょう。

全豪、全仏、全米とグランドスラム三大会を制覇しているワウリンカの存在も見逃せません。ATPツアーのシングルスは一六勝、そのうちマスターズ1000は一勝だけですから、全体的な成績では「ビッグ3」に大きく離されているのに、グランドスラムでは三つもタイトルを獲《と》っているのですから、不思議な選手です。三セットマッチよりも五セットマッチが得意なのでしょう。ウィンブルドンも制して、キャリア・グランドスラムを達成する可能性は十分にあると思います。

すでにキャリア・グランドスラム達成者が現役で三人も活躍している上に、それを狙っている選手がもうひとりいるのですから、いまの男子テニス界は空前絶後ともいえるくらいハイレベルで豪華な時代。テニスファンにとっては、こんなに幸運なことはありません。だからこそ僕は、ATPツアーをはじめとする世界のテニスをもっともっと多くの人々に深く味わってほしいのです。

見応えのある選手は、実績のあるベテラン勢だけではありません。錦織やデル・ポトロより下の世代にも、すでに多くの実績を挙げているドミニク・ティーム（オーストリア）やアレクサンダー・ズベレフ（ドイツ）のほか、ステファノス・チチパス（ギリシャ）、ダニール・メドベージェフ（ロシア）、デニス・シャポバロフ（カナダ）など、ランキング上位に入る選手が続々と現れています。

そういう豪華メンバーの中から自分の好きな選手を見つけて応援するようになると、ますますテニス観戦が楽しくなるでしょう。最初は錦織をはじめとする日本人選手を応援していても、「相手のあるスポーツ」として試合を見ていると、対戦相手のプレースタイルや性格などが気になってきます。すると、その中から自分好みの選手が見つかるかもしれません。

そんなふうにしてテニスの楽しみを広げてもらうためにも、ここからは前章で触れられなかった観戦のための基礎知識をお話ししていこうと思います。

ランキングはどのように決まるのか

まずは男子のATPツアーの仕組みを説明しておきましょう。選手たちは毎年、そのシーズンを通してどのような戦い方をするかを考えています。ですからファンとしても、ツアーの全体像を知っておいたほうが、それぞれの大会や試合の意味合いも理解しやすくなるはずです。

ATPツアーの開幕は毎年一月。最初はハードコートのシーズンで、暖かいオーストラリアやアメリカのマイアミなどで大会が開催されます。このシーズンの頂点は全豪オープン。次がヨーロッパ中心のクレーコートシーズンで、頂点は全仏オープン。その次が、ウィンブルドンを頂点とする短いグラスコートシーズンとなります。

それが終わると再びハードコートシーズン。アメリカやカナダが中心で、最後のグランドスラム大会として全米オープンが開催されます。その後は寒い季節になるので舞台をインドアのハードコートに移し、楽天・ジャパン・オープンを含むアジアやヨーロッパでの大会が続き、最後はランキング上位八人によるＡＴＰファイナルズ（ロンドン）でシーズンを締めくくります。

大会のステイタスは、四段階。四つのグランドスラムはすべて同格で、以下、マスターズ１０００、ＡＴＰ５００、ＡＴＰ２５０と続きます。数字は、いずれも優勝した場合に獲得できるポイントの数。グランドスラムは数字が示されていませんが、優勝すると二〇〇〇ポイントが加算されます。そのポイントを積み重ねて自分のランキングを上げることが、選手たちの目標のひとつになるわけです。

ＡＴＰ５００とＡＴＰ２５０は、同じ週に二～三大会が同時に開催されるので、ランキング上位の有力選手がどこかの大会に集中することはまずありません。本戦のドロー数

（出場選手数）はＡＴＰ２５０が二八〜四八、ＡＴＰ５００が三二〜四八。一方、マスターズ１０００はドロー数四八〜九六で、モンテカルロ大会を除く八大会には、上位シード選手に出場義務が課せられています。同時に別の大会が開催されることもありません。そのため、グランドスラム並みの豪華な顔ぶれになるわけです（ちなみにグランドスラムのドロー数は一二八です）。

ランキングは、その時点までの一年間に一八大会で獲得したポイントで決まります。たとえば七月のウィンブルドンが終わった後に発表されるランキングは、前年のウィンブルドン直後の大会から稼いだポイント数に基づくもの。つまり、「今年」の大会が終わった時点で、「去年」の同じ大会で獲得したポイントが消えるわけです。したがって、前年で好成績を残した大会で早く敗退すると、ポイントを大きく減らしてランキングが下がってしまうことになります。

また、その総合ランキングとは別に、シーズン中に獲得したポイント数で争う「レース・ランキング」もあります。一一月のＡＴＰファイナルズ出場者を決めるのが、これ。レース・ランキングの上位八人が選ばれます（ただし九〜二〇位の中にグランドスラム優勝者がいる場合、その選手がレース・ランキング八位の選手に替わって出場権を得ます)。

グランドスラムは一回戦敗退でも賞金五〇〇万円以上

一月から一一月まで世界中を飛び回って大会に出場するのは、楽なことではありません。肉体的、精神的にタフな仕事であるのはもちろん、経済的な面でも苦労している選手は大勢います。いわば一年中海外旅行をしているようなものですから、移動のための飛行機代と宿泊費だけでも相当な出費。しかも、ほとんどの選手はひとりで行動しているわけではありません。コーチやトレーナーなどスタッフの分の経費も負担することになります。当然、彼らへの報酬も払わなければいけません。

ですから、まだ賞金をあまり稼げない若い選手などがツアーを回るには、スポンサーが必要です。とはいえ、実績のない選手は広告塔としての値打ちも低い。したがって、将来性を含めて選手のことをよく理解してくれるスポンサーを見つけなければなりません。

これは広く知られた話ですが、たとえば大坂なおみ選手の場合、彼女がまだ一〇歳だったときに母親がヨネックスの社長に手紙で用具のサポートをお願いしました。そこで彼女の試合を見た担当者が大きな将来性を感じて、スポンサー契約を結んだわけです。

大坂はそこから順調にキャリアアップを果たしましたが、もし期待されたような活躍ができずにランキングが上がらなければ、やがてスポンサーも離れていくでしょう。そうなると、プロとしてツアーを転戦することができなくなってしまいます。上を目指してどんなに努力していても、「先立つもの」がなければ続けていけないのが、テニス選手のつらいところです。

大会の賞金だけで経費のやりくりができるようになるのは、やはりランキング一〇〇位以内に入って、しかもそれを何年もキープできる選手だけ。前にお話ししたとおり、一〇〇位以内に入るとグランドスラム大会に予選なしで出場できます。経済的には、これがかなり大きい。グランドスラム大会は、たとえ一回戦で敗退したとしても、（大会によって多少の差はありますが）五〇〇万円以上の賞金がもらえるのです。

ちなみに僕がグランドスラムに出場していた頃は、本戦一回戦で負けると賞金は一〇〇万円前後でした。いまは予選二回戦敗退でも、それぐらいもらえる大会があります。また、松岡修造さんがウィンブルドンのベスト8まで勝ち上がったときは、その賞金が一〇〇〇万円ぐらいだといわれていました。いまはそれが約四〇〇〇万円になっています。テニスの賞金も、ずいぶん高額になったわけです。

グランドスラムは年四大会ですから、すべて一回戦で敗退したとしても、賞金は五〇〇万円以上×四＝二〇〇〇万円を上回る。この点だけを見ても、一〇〇位以内をキープするのがいかに重要かがわかるでしょう。さらに五〇位以内に入れば、ほとんどの大会に予選なしで出場できます。お金の話をすると世知辛い感じになってしまいますが、それはそれでテニスの現実。これを知っていると、試合の見方もちょっと違ってくるかもしれません。

たとえばウィンブルドンの予選を勝ち上がった若い選手は、その時点で五〇〇万円以上の賞金を手にしているわけです。それだけでも大きな成果ですが、一勝して二回戦に進出すれば、賞金は倍近くまで増える。お金を稼げば大会にたくさん出場できて、ステップアップするチャンスが拡大するのですから、予選に続いて一回戦も必死で戦うでしょう。

もちろん、戦うモチベーションはお金だけではありません。しかし、そういう意味での切実さもあるのだと思って見ると、ランキング上位の強豪選手に序盤から全力で向かっていく若手選手の気持ちを、より深く理解できると思います。

テニスは「自然環境との戦い」でもある

プレーするサーフェスが芝、クレー、ハードコートの三種類もあるのがテニスの特徴だという話は、前にしました。しかしプレー環境の違いはそれだけではありません。オセアニア、ヨーロッパ、アジア、北米、南米など世界中を転戦するので、場所によって気候もさまざまです。選手はその変化にも対応しなければなりません。

たとえばサーフェスの種類が同じでも、標高によってボールの飛び方は違います。僕の感覚では、標高三〇〇メートルを超えた程度でも「ボールがよく飛ぶ」と感じますから、テニス選手にとっては決してめずらしいことではなく、ごく当たり前の環境変化だといえるでしょう。標高二〇〇〇メートルを超えるメキシコシティなどはもちろん、標高七〇〇メートルに満たないマドリードあたりでも、ボールの飛び具合に慣れるまでそれなりに時間がかかります。

また、湿度の違いも無視できません。乾燥した土地と湿気のある土地では、ボールのスピードが大きく変わります。これは、当然ながら同じ大会でも生じる変化。とくにクレーコートの大会では、晴れた日と雨模様の日ではボールの質がまったく違います。

全仏オープンのように屋根のないクレーコートの場合、雨が本格的に降ると中断や中止になりますが、たとえば前日の雨のせいでコートが湿っていることはよくあります。選手にはそれぞれ向き不向きがあるので、それをラッキーと思う人もいれば、ツイてないと思う人もいるでしょう。自分の適性だけでなく、相手によっても有利か不利かは違います。僕自身も、「コートが湿ってるときに、この選手とは当たりたくなかったな。晴れてる日ならよかったのに……」などと思うことがよくありました。

おそらく錦織も、湿ったクレーコートはあまり歓迎しないでしょう。体格がよくてパワーのある選手は、濡れて重くなったコートでも強いショットを打ち抜けるので、あまり気にしないかもしれません。

日本にはレッドクレー（赤土）のテニスコートがあまりないので、その感覚がわかりにくいかもしれません。あれは煉瓦《れんが》などを砕いた人工的な土で、いわゆるアンツーカーと同じようなものです。

意外に思う人もいるでしょうが、あの美しい赤土の層は、コート表面のほんの数ミリにすぎません。その下には、細かく砕いた石灰岩など別の層があります。いわば、ティラミスの表面を覆うココアパウダーみたいなもの。その厚さはコートによって違い、たとえば全仏オープンの舞台であるローランギャロスは赤土の部分が薄いのが特徴です。当然、同じレッドクレーでもその厚さによってボールの弾み方などは変わってきます。

二〇一九年の全仏オープン、準決勝のナダル対フェデラーやジョコビッチ対ティームの試合を見た人は、強風でコート上のレッドクレーが吹き飛ばされたのを覚えているでしょう。ああやって土が減れば、ボールの弾み具合にも微妙に影響が出ます。インドアの試合は別として、屋外で行われるテニスは「自然環境との戦い」でもあるのです。

いうまでもなく、あの全仏準決勝は、強風そのものが選手にとって難敵でした。雨をあまり苦にしない選手はいますが、「おれは風の日が好きなんだ」というテニス選手はひとりもいないと思います。ボールの軌道が定まらないので、風が強ければ強いほど選手はやりにくい。準決勝でティームに苦戦を強いられていたジョコビッチは、審判に「こんな風でも試合を続けるのか?」と聞いていました。

しかし雨にしろ風にしろ、大会主催者や審判が「試合はできる」と判断した以上、嫌がっていても仕方がありません。その状況に何とか対応して、よりよいプレーができるように工夫するのも実力のうちです。あの試合でジョコビッチに勝ったティームは、強風をうまく利用してロブを相手の深いところに決めたりしていました。

サーブのトスは高く上げても何もいいことがない

風のときに選手がいちばん難しさを感じるプレーは、サーブです。強風下の試合では、選手がサーブのトスをやり直すシーンがよく見られます。とくにトスを高く上げる選手は、風のせいでボールの動きが不安定になりやすいのです。

「だったら、どうしてトスを高く上げるんだろう?」と、不思議に思う人もいるかもしれません。それは、至極もっともな疑問です。

ここで、サーブのトスに関する技術的な問題をお話ししておきましょう。読者の中には自分でもテニスをプレーする人もいるでしょうから、参考にしてもらえると思います。

これは僕の考え方ですが、じつはトスを高く上げてもいいことは何もありません。勘違いされると困りますが、サーブの「打点」については、高いほうがいいのはたしかです。

高い位置から打ったほうがネットにかかりにくいし、相手コートの深い位置にも届きやすいように感じる。だから、トスを高く上げたくなる気持ちもわからなくはありません。

でも、できるだけ高い位置から打ちたいと思っても、そこには限界があります。自分の身長、腕の長さ、ラケットの長さなどで、最高到達点は決まってしまう。ジャンプをすればもう少し高くなりますが、あまり高くジャンプすると地面に戻るのに時間がかかってしまい、次のプレーへの準備が遅れます。

いずれにしろ、トスを高く上げたからといって、その限界を超えて打点が高くなるわけではありません。自分の打点ギリギリのところまでトスを上げて、落ちる直前に打つのがベストです。

それでもトスを高く上げるように指導するコーチが少なくないのは、おそらく「なるべく高い打点でサーブする」ことを意識づけたいからでしょう。トスが自分の最高到達点より低いと、当然、打点も低くなってしまいます。だから、なるべく高くトスを上げておいて、高い打点で打たせようとするわけです。

でも、高いところから落ちてくるボールは重力で加速するので、正確に打つのが簡単ではありません。それは、プロの選手でもスマッシュをしばしば失敗するのを見てもわかるでしょう。かつては錦織もスマッシュのミスが目立ち、「あんな簡単なボールをミスするなんて……」とファンを嘆かせたものですが、加速しながら落ちてくるボールの処理は意外に難しく、プロでも相当な練習が必要。高々と上がったボールを直接スマッシュせず、いったんワンバウンドさせてからグランドスマッシュで返すのも、そのためです。

また、打つまでに「時間がある」のも、スマッシュをミスしやすい理由のひとつ。傍《はた》から見ていると、ゆっくり考える時間があるので対応しやすいと思うでしょう。しかし人間、ヘンに時間があると余計なことを考えてしまうものです。とくにテニス選手の場合、試合中は予測を大切にして自分のリズムで動いているので、高いロブのようなゆっくりしたボールが返ってくると、リズムが乱れてしまう。つい余計なことを考えて無駄な動きをしてしまい、結果的にミスをするわけです。

サーブのトスも、同じこと。トスを高く上げすぎるとボールが加速して打ちにくくなりますし、余計な時間も生じてしまいます。おまけに、風の影響も受けやすい。これでは、自分で自分を追い込んでいるようなものではないでしょうか。

たとえばフェデラーのサーブをよく見てください。決してトスは高くなく、ボールが落ちる前に最高到達点で叩いています。あれがもっとも理に適《かな》った打ち方です。

それがなかなかできないのは、選手自身が無意識のうちに「時間的なゆとり」を求めてしまうせいもあるでしょう。サーブは心理的なプレッシャーを受けやすいプレーですし、足の運びや膝の曲げ具合、バックスイングのタイミング、体重移動、ラケットの面のつくり方など、技術的なポイントもたくさんあります。その気になれば、考えることは山ほどある。だからトスを高く上げて打つまでの時間を稼いだほうが安心できるのです。

しかし技術的なポイントがたくさんあるのは、サーブ以外のショットも同じこと。ストロークであれ、ボレーであれ、ドロップショットであれ、いちいち考えながら打っていたのでは、まともなプレーにはなりません。余計なことを考えずシンプルに体を動かすのがいちばんです。ほかのショットと違い、サーブだけは自分で時間をコントロールできるので「ゆとり」をつくりたくなってしまうのでしょうが、それによってサーブがよくなることはありません。シンプルな動作とスイングを目指して練習をすべきだと思います。

同じ大会でも同じ環境のコートはひとつもない

話を「自然との戦い」に戻しましょう。雨や風のない晴天ならプレーに悪影響がないかというと、そんなことはありません。風ほどではありませんが、サーブのトスには「太陽」もちょっと嫌な影響を与えることがあります。トスを上げる位置に太陽があると、眩《まぶ》しくてボールが見にくくなってしまうのです。

太陽は試合中に時々刻々と移動するので、その影響は一定ではありません。昼間の試合を見ていると、サーブする前に選手が空を見ながらトスの方向をたしかめるようなシーンがたまにありますが、あれは太陽との重なり具合を確認しています。

重なって見にくい場合、太陽の位置を動かすことはできないので、トスの高さや方向を変えてサーブの打点を少しずらすか、自分の立ち位置を変えるしかありません。どちらかというと、前者を選ぶことのほうが多いでしょう。サーブは選手ごとにフォームが決まっているので、トスをずらすのは難しそうに思われるかもしれませんが、太陽が邪魔になる可能性があるのはわかっているのですから、それぐらいの微調整はできなければいけません。それに、太陽が重なるのは一試合のうちせいぜい一ゲームか二ゲームのこと。緊急避難的にうまくしのげば大きな問題にはなりません。

ただ、自分のサービング・フォー・ザ・セットのような大事なゲームで太陽と向かい合うのは、やはり嫌なものです。どうしようもないこととはいえ、「三ゲーム後には眩しくなりそうだ」とか「そのときはチェンジコートで自分があっち側か」などと頭の中で計算することもないわけではありません。

太陽の影響といえば、テレビで観戦しているとき、コートを覆うスタンドの屋根の影が気になる人は多いでしょう。ネットをはさんで日向と日陰にくっきりと分かれたりすると、ボールの軌道が見にくくなってしまいます。

それは選手にとっても同じで、日陰から日向、日向から日陰に飛んでくるボールは決して見やすくはありません。それを気にしていたのでは試合にならないので、考えずに我慢するだけですが、練習のときは見やすいサイドを選んだりはします。

ただ、どんな影ができるかはコートによって異なるので、あらかじめ確認しておくに越したことはありません。影だけでなく、風の吹き方もコートごとに特徴があります。さらに（これは自然環境ではありませんが）、コートとスタンドの距離や全体の構造が違うと、遠近感が狂うことも少なくありません。相手のコートがふだんより大きく見えたり小さく見えたりすることもあるのです。

そんなわけで、ウィンブルドンであれ、ローランギャロスであれ、センターコートから他のコートまで、同じ環境はひとつもありません。ですから過去に経験のないコートで試合をするときは、当日の朝などに少し練習をしておく必要があります。とくに、初めてグランドスラム大会のセンターコートに立つ選手などは、それが絶対に欠かせません。もちろん本番で観客が入ると雰囲気は変わりますが、会場の大きさや空気にできるだけ馴染んでおくことが、選手にとっては大切なのです。

メーカーによってボールの質も違う

ところで、大会によって異なるのはサーフェスや自然環境だけではありません。外から見ているだけではわかりませんが、じつは使用するボールにも違いがあります。サッカーのボールと違ってデザインはみんないっしょなので、一見するとどれも同じ「黄色いテニスボール」ですが、メーカーによって重さやサイズ、飛び方などがかなり違うのです。

そして、サーフェスに向き不向きがあるのと同様、ボールにも選手によって好き嫌いがあります。表にはめったに伝わってきませんが、試合後の記者会見で負けた選手が「今回のボールはあまり好きじゃなかった」などとコメントすることもめずらしくはありません。負けたことの言い訳のように聞こえることもありますが、プレースタイルにフィットしにくいボールがあるのは事実です（もっとも、勝った選手がボールに文句をつけることはまずありませんが）。

ただ、ボールの違いは実際にラケットで打ってみなければわかりません。でも自分がテレビで解説者として話をするときは、ボールの感触を知っておきたいところ。ボールの特徴までわかっていたほうが、選手がそのプレーを選択した理由やミスの原因などが説明しやすくなります。

たとえばWOWOWで解説を担当した二〇一九年の全豪オープンでは、僕がまだ打ったことのない新しいボールが使用されました。僕が全豪オープンに出場したときはスラセンジャー社のボールでしたが、その後ウィルソン社のボールになり、さらに今回はダンロップ社の製品に変更されたのです。日本国内のダンロップ製なら使った経験がありますが、それは海外の新しいダンロップ製なので、どんなボールなのかわかりません。

しかしそのときは、試合の解説をする前に、会場でそのボールを実際に打つ機会が得られました。ボールの飛び方や弾み方がわかると、「あの選手は苦手そうだな」とか「この選手はこう対応するだろう」といったことが、ある程度は想像できます。それがあるとないとでは、視聴者のみなさんにお伝えする解説の内容が変わってくる。それぐらい、ボールの差がプレーに与える影響は大きいのです。

サーブ前のボールの選び方

また、ボールの差はメーカーの違いだけで生じるわけではありません。同じ大会で使う同じメーカーのボールでも、しばしばその出来にはバラつきがあります。

選手がサーブする前に注意深くボールを選ぶのも、それがひとつの理由。使っているうちに空気が抜けたり汚れたりしたボールを避けることのほうが多いとは思いますが、ニューボールになったからといって「どれでもＯＫ」というわけにはいきません。

試合で同時に投入されるボールは六つ。選手はその中のどれがいまどこにあるかを、だいたい把握しています。ボールパーソンが投げたボールを手に取ることもなく、ラケットでそのまま返すことがあるのも、「これじゃない」とわかっているから。後ろにいるふたりのボールパーソンのひとりを指さして、「キミのそのボールをくれ」と要求するシーンもよく見かけます。

ちなみに、ボール自体の良《よ》し悪《あ》しではなく、縁起をかついでボールを選ぶ選手もいます。有名なのは、リシャール・ガスケ（フランス）。彼は、自分がポイントを取った後は必ず同じボールをサーブに使います。相手側にいるボールパーソンが拾っても、「それをこっちに」と仕草で要求するので、余計な間が空いてしまうことも。たぶん試合前には、ボールパーソンに対して「ガスケがポイントを取ったらそのボールをすぐに返すように」などと指示が出ているのではないでしょうか。

消耗していないボールのほうがスピードが出ますし、スピンもかかりやすいので、ふつうはできるだけ新品に近い状態のボールをサーブに使います。とくに長いラリーをした後は状態が悪くなるので、まずそのボールは選びません。しかしガスケの場合はサーブのスピードで勝負するタイプではないので、消耗したボールでもかまわないのでしょう。それよりも、自分のリズムを保つためのルーティーンとして、縁起のよいボールを使うことを大事にしているのかもしれません。

それはともかく、ボールの品質については、やはり日本の製品がよくできています。コントロールがしやすく、消耗はしにくく、出来のバラつきも少ない。いわば「優等生」のようなボールです。

それはもちろんすばらしいことなのですが、不都合な面がないわけではありません。子どもの頃から日本製のいいボールが当たり前だと思っている日本の選手は、海外に出たときに途惑ってしまうおそれがあるのです。何年もコントロールしやすいボールだけで練習していると、そこで身につけた自分のプレーが、外国製のボールでは活かせない可能性は十分にあるでしょう。国内では優秀な選手が海外でなかなか成果をあげられないのは、それがひとつの原因ではないかともいわれています。

いずれにしろ、テニスはボールを扱う競技ですから、それとの相性がプレーの質を大きく左右するのは当然のこと。選手としては、さまざまな大会で経験を積みながら、どんなボールにも何とか対応できるような技術を身につける必要があるのです。

ストリングの進化

ボールの話をしたので、もうひとつの重要な道具であるラケットのことにも少し触れておきましょう。サーフェスや自然環境、主催者が決めるボールなどと違い、こちらは選手が自分で自由に選ぶことのできるものです。

とはいえ、ラケットの技術的な進化の流れが、選手たちにとってある種の「環境変化」になるのも事実。サーブ&ボレーが主流だったプレースタイルがストローカー主流に変わったのは、コートが遅くなったせいだけではありません。ラケットに張るストリングの進歩がなければ、ここまでストローカーが増えることはなかったでしょう。

ストリングが変化したからストローカーが増えたのか、ストローカーを志向する選手が増えたからストリングが進歩したのかは、卵とニワトリのようなもので、微妙なところではあります。しかしいずれにしろ、ポリエステルのストリングがテニスのプレースタイルを大きく変えたことは間違いありません。これが普及したことで、ベースライン後方からでもスピードのある強いストロークで勝負できるようになりました。

ストリングといえば、錦織が試合中に審判に向かって「〇〇ポンド」とテンション（張力）をリクエストする様子をテレビで見たことのある人は多いでしょう。試合中に選手が何を感じているかを想像させる、ちょっと緊張感のある場面です。

選手は、あらかじめ用意したラケットを八本から一〇本ぐらいコートに持ち込みます（プロのラケットは市販されているものより重いので、あのバッグは相当な重さになります）。その中には何種類かのテンションでストリングを張ったラケットが用意されていますが、実際にプレーしてみると、そこにないテンションのラケットがほしくなることがめずらしくありません。それこそ天候やコートの湿り具合、相手のプレースタイルなど、想定外の要素に事欠かないのがテニスというスポーツです。あまり気にしない選手もいますが、錦織は繊細な感覚を大事にするタイプなので、審判にリクエストするシーンが多いほうだといえるでしょう。

リクエストしてからストリングが張り上がるまでの時間は、一五分から二〇分程度。仕上がってコートに届いたときには試合の状況が変わっていることもあるので、そのまま使わずに終わることもあります。そもそも「いますぐ使いたい」というわけではなく、先々の試合展開や天候の変化などを予想して「念のためこのテンションも用意しておこう」というケースも多いのです。

ウエアの着替えをめぐる事情

しかし試合が始まってから対応できることには限界があるので、どの選手にとっても試合前の準備が重要であることはいうまでもありません。ラケットに関しては、ストリング調整のほかにグリップテープを巻く作業もあります。これもきちんとやらないと感触が悪くなってしまうので、丁寧にやらなければいけません。先ほどのガスケは、試合中にベンチでグリップテープを巻き直すことでも有名です。

ストリングやグリップテープの作業は、自分でやる選手もいれば、スタッフに任せる選手もいます。フェデラーなどは専属のストリンガー（ストリング張りの専門家）がいるので、ふだんの練習などはともかく、試合前は自分ではやらないでしょう。

ちなみに僕は、必ず自分で準備をします。人を信用していないわけではなく、試合前に道具を自分で準備する時間が好きだからです。準備が整うと「よし、行こう」と気合いが入る。それに、テニス選手はコートに入ったらすべてを自分ひとりで背負わなければいけません。だから道具についても、何かトラブルがあったときに自分の責任として引き受けたい。グリップの感触がよくないときに「こんな巻き方したのは誰だよ」などと人のせいにする気持ちが芽生えてしまうと、コートで戦えないような気がするのです。

ラケットだけではありません。試合で着用するウエアやシューズ、ベンチで口にするドリンクや補給食なども必ず自分でチェックします。これらのアイテムも、テレビ観戦中に気になるポイントでしょう。

たとえば、対戦するふたりの選手が上下とも同じ色のウエアを着ていて、見分けにくいことがあります。ほかのスポーツではまずあり得ないことですが、テニスの場合、その点でルール上の規制はありません。事前に調整もしないので、選手自身もいざコートに入場するときになって「あ、かぶった……」と苦笑することも。契約しているスポンサーが同じだと、ラケットやシューズまで同じだったりするので、「ソックスだけは違う色でよかった……」などと思うこともあります。

また、ベンチで別のデザインのシャツに着替える選手がときどきいますが、これもほかのスポーツでは見たことがありません。見ているほうはちょっと混乱しますが、これもルール上は問題なし。試合で劣勢に立たされた選手が、気分を変えて流れを引き寄せるために「お色直し」をすることもあります。

ドリンクと補給食

テレビで試合を見ていると、選手がベンチで飲むドリンクがちょっと気になる人も多いのではないでしょうか。ふつうの水は大会側が用意するのですが、選手が口にするのはそれだけではありません。自分の体調や体質などに合うオリジナルのスポーツドリンクを用意する選手が大勢います。黄色やオレンジ色などは中身が何となく想像できますが、ピンクやブルーなどふつうはあまり見かけない色のドリンクを飲む選手もいるので、「いったい何が入ってるんだ？」と興味を惹《ひ》かれる人も多いでしょう。

何を飲んでもよいのですが、そういうオリジナルドリンクを大会スポンサーのボトルに詰めて持ち込むと、問題になることがあります。ミネラルウォーターメーカーのボトルに色のついたドリンクが入っていたのでは、さすがにまずいでしょう。そういう新製品があるのかと勘違いされかねません。そのため運営サイドから「色つきのドリンクを入れる場合はメーカーのラベルを剝がすように」といわれる大会もあると聞きます。

大会側が用意するのは、水やスポーツドリンクだけではありません。選手が補給食としてよく口にするバナナも、たいがい大会側が提供しています（自分で用意する選手もいますが）。バナナは「消化・吸収が早い」というイメージがありますが、じつはさほどでもありません。いまはもっと試合中の補給に適したゼリーなどがいろいろと開発されているので、それを自分で持ち込む選手も増えました。

それでもバナナが便利なのは、食べるときに手が汚れないこと。また、ひと口だけ食べてベンチに置いておくこともできます。味も、まあ、ふつうに美味《おい》しいので、食べられない人はほとんどいないでしょう。ただし、いつも食べているから「テニス選手はバナナが好きなんだろう」などと思って、高級バナナを差し入れたりするのはお勧めしません。むしろ、試合や練習で食べているので、「ふだんはバナナをあまり食べない」という選手もいるぐらいです。

試合中は汗を大量にかくので水分をこまめに補給するのはわかるけれど、しょっちゅう補給食を口にするのは不思議に感じる……という人もいるでしょう。試合中どころか、コートに入場してベンチに腰を下ろしたところで、すぐにゼリーなどを補給する選手もいます。「もう、おなか空《す》いたの？」と怪訝《けげん》に思うのも無理はありません。

しかしあれは、おなかが空いたから食べているわけではないのです。選手は試合開始時間に合わせて、しっかり食事をしています。

それでも試合中にいろいろと食べるのは、大会全体を通した体調管理を考えてのこと。選手は勝てば翌日以降も試合があるので、「目の前の試合が終わるまで体力がもてばいい」というわけにはいきません。次の試合までに、できるだけ早く体力回復を図る必要があります。そのためには、常に体に栄養を入れてよい状態を保たなければいけません。

試合直後の選手には、クールダウンや記者会見など、やるべきことがいろいろあります。すぐに食事ができるわけではありません。ですから、目の前の試合が終わった時点でガス欠になっていると、あとでおなかが空きすぎて食べ過ぎたりもするでしょう。そうやって極端に空腹な状態や満腹な状態が生じると、翌日の試合に差し支えます。だから彼らは、試合に勝った直後のベンチでも何か口にしたりするのです。

水分補給は「喉が渇いてからでは遅い」といわれますが、それは補給食も同じこと。その大会どころか、選手たちは長いシーズンを通した体調管理が求められます。大坂なおみなどは、全米オープン決勝でセレナ・ウィリアムズ（アメリカ）を下した直後にも（翌日はもう試合がないのに）表彰式前にベンチで泣きながらバナナを口にしていました。観客のブーイングを受けたりして大変な精神状態でもそうしたのですから、習慣として完全に身についている証拠。長いツアー生活の過酷さが垣間《かいま》見《み》える光景だったと思います。

第三章　この「駆け引き」に注目すると試合は何倍も面白い

コイントスに勝って「レシーブ」を選ぶのはなぜか

前章でお話ししたとおり、ツアーで世界中を飛び回る選手たちは、気候条件やボールの違い、さらには経済的な苦労（?）など、さまざまなものと戦っています。しかし当然のことながら、いちばん厳しいのはネットの向こうにいる相手との戦い。テニスプレーヤーである以上、それは厳しいと同時に、いちばん楽しいことでもあるでしょう。対戦相手といっしょにいい試合をつくり上げていくのは、選手にとって大きな喜びです。

試合を見るファンも、勝ち負けだけにこだわるのではなく、選手たちがさまざまな駆け引きをしながら戦う姿を楽しんでもらいたい——それが本書のテーマでした。この章では、その「駆け引き」を楽しむためのポイントを紹介していきましょう。

選手たちの駆け引きは、試合前に始まっています。いや、それを含めてすでに「試合」と呼んだほうがいいかもしれません。コートに入場した選手はまずベンチにバッグを置き、ラケットなどを取り出して支度を調え、主審に呼ばれてコイントスを行います。勝ったほうが、先にサーブをするかレシーブから始めるか、もしくはどちらのエンドで最初のゲームを始めるかを選ぶことができる。権利を放棄して相手に選ばせることもできますが、試合にはいい形で入りたいので、選べるものは選んだほうがいいでしょう（「おれはどっちでもいいから、キミが選んでいいよ」と余裕のあるところを見せるのも、それはそれで面白い駆け引きではありますが）。

風の強さや太陽の位置によっては、コイントスに勝ったほうが先にエンドを選ぶこともありますが、これは最初のゲームが終わると入れ替わるので、それほど重要ではありません。そのため多くの場合、勝ったほうが「サーブかレシーブ」を選択します。

テニスは基本的にサービス側が有利なので、先にサーブをしたがる選手が多いと思われがちですが、実際はそうでもありません。レシーブからのスタートを選ぶことの多い選手はたくさんいます。

テニスでは、サービス側がゲームを取る確率が高いのはたしかです。でも、だからこそ、相手よりも先にサービスゲームを落としたくない。第一ゲームで相手にサービスをキープされても、それはふつうのことなので大きな痛手ではありません。逆に、いきなり自分のサービスをブレイクされると、試合の立ち上がり早々から追いかける展開になってしまう。

慌てずに落ち着いて試合を始めたいなら、レシーブから入ったほうが無難です。

ただしセットの終盤までお互いにサービスキープが続く展開になると、先にサーブをする側が気分的に優位に立ちやすいのもたしか。ゲームカウント5－4や6－5で先に「王手」をかけると、サーブする相手側に「ブレイクされたら終わり」というプレッシャーをかけることができます。「先攻」と「後攻」のどちらが有利かは、一概にはいえません。

ふだんはコイントスでレシーブを選ぶ選手でも、試合によっては先にサーブを選ぶことはあります。とくに球足の速いグラスコートはサービス側がふつう以上に有利になるので、終盤までキープ合戦になりやすい。ならばサーブから始めて、常に先手を取るようにしたほうが、楽に試合を進められるのです。

僕自身は、若い頃は得意なサーブから始めて、スコアの上でリードすることで相手にプレッシャーをかけたいと考えていました。でもキャリアを重ねてからは、余裕を持ってレシーブから入ることが多くなっています。

いずれにしろ、コイントスは「勝負のアヤ」の始まり。どちらの選手が何を選ぶのか、即決なのか迷いがあるのかといったことも含めて、しっかり見届けたいものです。

試合前五分間のウォーミングアップは最高の「お手本」

コイントスの様子はテレビ中継でもしっかり映されることが多いのですが、それに続くコート上でのウォーミングアップはあまりじっくりと見ることができません。あの時間は選手紹介の画像や前の試合のハイライト映像などが流され、実況アナと解説者がそれを見ながら試合の展望を語り合ったりします。

僕も解説者としてそういう役割を果たすことがあるわけですが、選手同士の駆け引きを楽しんでもらうという点では、これはちょっと残念なところ。あの五分間の中にも、さまざまな見どころがあるからです。

試合前に対戦相手といっしょにプレーをするスポーツは、ほかにあまりないでしょう。これから戦う相手の打つボールを体感できるのですから、選手にとっては情報の宝庫。とくに、過去に対戦も練習もしたことのない選手を相手にするときは、あの時間にできるだけ多くの情報を仕入れたいところです。

もちろんウォーミングアップなので、本気で試合モードの強いボールを打つことはありません。しかし、フォアとバックのストローク、ボレー、スマッシュ、サーブなどあらゆる種類のショットを見られるので、お互いの基本的なプレースタイルやショットのタイミング、テイクバックの大きさ、球種などはだいたいわかります。最初の立ち位置を見れば、「今日はベースラインからかなり下がってプレーしようとしているんだな」といったことも想像がつくでしょう。

ウォーミングアップに使う五分間の大まかな内訳は、まずストロークの打ち合いを一分、次に一方がボレーとスマッシュを一分、それを交代して一分、残りの二分でサーブという流れ。ただし時間配分は厳密に決まっているわけではありません。ネットプレーをあまりしない選手同士なら、ストロークの打ち合いに二分ぐらい使って、ボレーとスマッシュはお互い三〇秒程度でおしまい、ということもあります。そのボレーとスマッシュの配分も、半々である必要はありません。中には、ボレーは一球しか打たずに、「次はスマッシュで」と相手に仕草で要求する選手もいます。

ですから観戦するファンとしても、ウォーミングアップを見ていれば、選手のスタイルやこれから始まる試合の内容などを、ある程度は想像できるでしょう。テレビではなかなか見られないかもしれませんが、現地観戦するときはその前にトイレなどを済ませて、ぜひじっくり見ることをお勧めします。

とくに自分でもテニスをプレーする人は、あの五分間だけでも参考になるヒントがたくさん得られることでしょう。怪我などをしている場合を除けば、試合直前のあの時間に雑なプレーをする選手はまずいません。プロの選手が自分のフォームやタイミングを確認しながら、真剣にボールを打っています。しかも試合中とは違って、崩れた姿勢で打つことはありません。相手のショットで前後左右に動かされたりしないので、基本に忠実なフォームで、ストロークからサーブまで同じショットを何度もくり返して打ってくれるのです。アマチュアにとって、これほどよいお手本はありません。

いや、プロの選手にとっても、たとえば相手がフェデラーとなれば、貴重な勉強のチャンス。僕もフェデラーと対戦したときは、ウォーミングアップで彼の優雅なスイングやボールの軌道などを目の当たりにして「なるほどなぁ」と感心してしまいました。

現地観戦するなら、試合当日の朝に選手たちが三〇分ほど行う練習も見に行くといいでしょう。試合直前のウォーミングアップよりも時間が長いので、いろいろなショットをじっくりと観察できます。

その場合、せっかく近くにいるのですから、スマートフォンを向けて動画ばかり撮るのではなく、自分の目でしっかり見ることも大切。打球音なども含めて、その選手のフォーム全体から漂う生々しい雰囲気を味わって、脳裏に刻んでください。

試合前のウォーミングアップでも、選手は対戦相手が放つ覇気やオーラのようなものまで含めて感じています。だから、たとえばナダルなどは、コイントスが終わるやいなや本番モードにスイッチを切り替えて、自分のコートに走っていく。あれは「今日もおれのペースでやるぞ」という相手へのメッセージです。そのオーラで相手を飲み込んでしまえば、第一ゲームが始まる前に精神的に一歩リードできるでしょう。そういう火花が、あの瞬間からネットをはさんで飛び散っているのです。

ファーストサーブは「成功率」より「ポイント取得率」が大事

さて、そろそろ試合本番の話に入りましょう。

ひとつひとつのゲームはサービス側が有利なので、とりあえずの興味は「どちらが先に相手のサービスゲームをブレイクするか」ということになります。

では、そもそもなぜテニスではサーブするほうが有利になるのか――これを不思議に感じる人はあまりいないでしょう。

テニスでは、完全に自分の思惑だけでコントロールできるショットはサーブだけです。サーバーは、自分がどのようにポイントを取るかをイメージして、先手を打つことができる。レシーバーは相手の出方を見てから動くのですから、ラリーに持ち込んだとしても主導権を握ることがなかなかできません。当たり前といえば当たり前の話です。

とはいえ、レシーバー側が常に形勢不利というわけではありません。最初のリターンがよければ、その時点で対等かそれ以上の状況にできます。

もちろん「返すのが精一杯」というリターンではダメですが、しっかりと相手コートの深いところに打ち返したり、スピードのある鋭いボールを返したりできれば、そこからは五分五分の勝負。リターン力の高い錦織やジョコビッチのような選手は、それ一発で形勢を逆転することができます。

ですからサーバーとしては、まずはファーストサーブを狙いどおりに入れることが大事。

リターン力の高い選手でも、厳しいコースを鋭く突いてくるファーストサーブをうまく返すのは容易ではありません。

でも、ファーストサーブの成功率を高めるのは難しい。よく「毎日のように練習してるプロなのに、サーブが入らないのは不思議」だといわれますが、たとえばプロ野球の投手でもストレートの四球（フォアボール）が決してめずらしくないことを思い出してもらえば、不思議でも何でもないことがわかってもらえるでしょう。彼らは、打者なしでストライクを投げればよいだけなら、ほぼ百発百中でど真ん中に投げられると思います。しかし打たれないようにギリギリのコースを狙うとなると、そうはいきません。

テニスのサーブもそれと同じ。単にファーストサーブの成功率を高めるだけなら、プロは一〇〇％に近い数字にできます。でも、スピードも出さず、ギリギリの厳しいコースも狙わず、ただコートに入れるだけのサーブでは、少しも有利になりません。リターンであっさりエースを取られて、楽にブレイクされてしまいます。

したがって、ファーストサーブの成功率が高いだけでは、必ずしも有利とはいえません。本気のサーブが高い率で入っているなら別ですが、八〇％台や九〇％台の数字になっていたら、「入れに行く」ような弱気のサーブになっていると見たほうがいいでしょう。ある一ゲームの成功率がそれぐらいになることはありますが、一セット以上にわたってエースを狙うようなサーブがそんなに入ることはまずありません。

ですからスタッツを見るときにより大事なのは、ファーストサーブの成功率ではなく、ファーストサーブの「ポイント取得率」。ファーストサーブが入ったときにポイントがどれだけ取れたかを示す数字です。いくら成功率が高くても、このポイント取得率が低いようでは、サービスキープは難しい。ファーストサーブのポイント取得率が七〇%を超えていれば、ふつうはそう簡単にブレイクはされません。

効果的なセカンドサーブを打てるのが本当にサーブのいい選手

あえて「ふつうは」と書いたのは、キープの確率を高めるにはセカンドサーブのポイント取得率も関わってくるからです。

ファーストサーブでなるべく多くのポイントを取ろうと思ったら、ファーストサーブの成功率はあまり高まりません。成功率自体は六〇%もあれば十分に高いほうだといえるでしょう。すると当然、セカンドサーブを打つ回数が増える。そこでどれだけポイントを取れるかが問題です。

セカンドサーブはファーストサーブより相手が攻撃してくるので、単純に考えれば、ポイントが取れるかどうかは五分五分。つまり有利ではなくなるわけですが、これは仕方ありません。むしろ、ファーストサーブのポイント取得率が七〇％以上あれば、セカンドサーブのポイント取得率は五〇％で十分です。

しかしリターンのうまい選手が相手だと、セカンドサーブのポイント取得率が下がります。もしセカンドサーブで二〇～三〇％ぐらいしかポイントが取れないとなると、サービスキープはかなり難しいでしょう。セカンドでポイントが取れないからといって、ファーストの成功率を上げるために「守りのサーブ」をすると、コースが甘くなってポイント取得率が下がってしまいます。

結局、サービスゲームを有利に進めるためには、セカンドサーブが大事だということです。ダブルフォルトは避けたいので、セカンドで速いボールをギリギリのところに打ち込むことはなかなかできませんが、高い技術があれば、コースを工夫するなどして相手が攻撃的なリターンを打ちにくいサーブを打つことはできます。

一般的に、「サーブのいい選手」と聞くと、強烈なファーストサーブで一試合に何十本もエースを決めるビッグサーバーを思い浮かべがちでしょう。しかし、それだけではいいサーバーとはいえません。じつはセカンドサーブで相手を苦しめられる選手こそが、本当の意味で「サーブのいい選手」だと僕は思います。

いまの選手の中でセカンドサーブがいちばんうまいのは、何といってもフェデラーです。セカンドサーブで相手に攻撃させないためには、コースや球種を読まれないことが大事ですが、フェデラーはどこにどんなボールを打ってくるかわかりません。スライス（横回転）をかけて外に逃げるボールを打ったり、スピードに変化をつけてタイミングを狂わせたりなど、サーブのバリエーションが豊富なのです。

しかもそれをすべて同じフォームで打つのが、フェデラーのすごいところ。ふつうは球種やコースによってフォームが微妙に変わるので、どんなサーブを打ってくるのかが見た目でバレバレの選手も少なくありません。しかしフェデラーは実際にボールを打つまで何をやってくるか読みにくいので、相手は的を絞ることができず、しっかり待ち構えてリターンするのが難しいのです。

サーブのコースと球種の選択

先ほど野球の投手を引き合いに出しましたが、サーブのコースにも野球と似たところがあります。投球のコースは、大まかにいうと内角・真ん中・外角の三種類。テニスのサーブも、ワイド・ボディ・センターの三種類に大別できます。コートの外に逃げていくのがワイドサーブ、相手の立ち位置に打つ（相手はバックかフォアか迷うのでリターンしにくい）のがボディサーブ、センターライン沿いを狙うのがセンターサーブです。

サーブの球種は、大きく分けると回転量が少ないフラットサーブ、横回転のスライスサーブ、縦回転のスピンサーブの三種類。野球でいえば、それぞれストレート、スライダー、縦に落ちるカーブのようなものでしょうか。ダブルフォルトしたくないセカンドサーブは、ネットにかからないよう、スピン系で高いところから落とすのがよくあるパターンです。

ただし回転は、スライスは横、スピンは縦がメインではありますが、微妙に両方が混じります。選手はそのミックスの度合いをラケットの向きやスイングで調整して、さまざま

基本的なサーブのコース

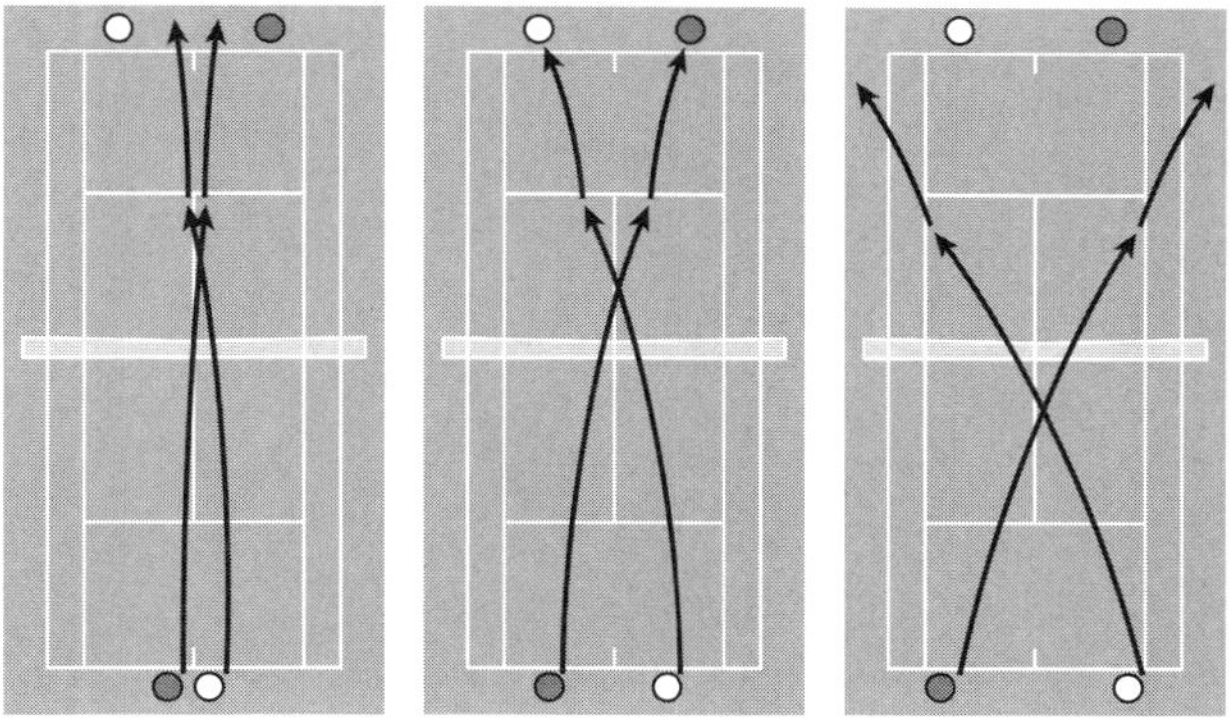

基本的なサーブの球種

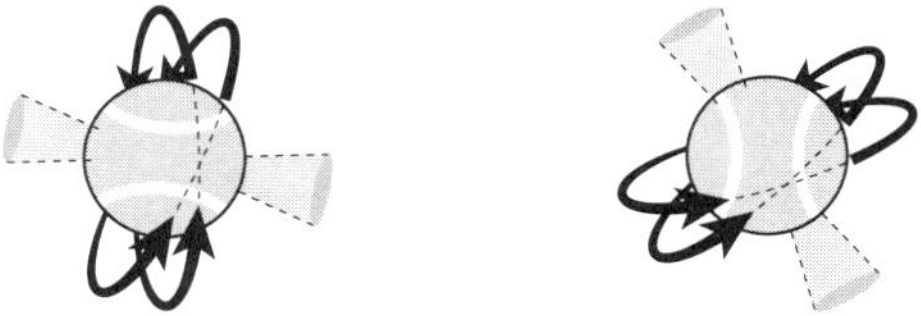

（右利きのフォアハンドの場合）

な回転をかけるわけです。ですから、実際に打たれるサーブは単純に三種類に分けられるわけではありません。よく「フラット系」「スピン系」などと「系」をつけて表現されるのは、そのためです。

野球と違うのは、テニスではサーブのコースや球種を選手がひとりで考えなければいけないこと。一球ごとにサインを出してくれるキャッチャーのような味方はいません。相手のポジションなども見ながら、どのコースにどんなボールを打つか考える。ポイントごとの駆け引きは、ここから始まるわけです。

コースを選ぶときの考え方は選手によっていろいろでしょうが、僕の場合は、自分のサービスゲームを迎えて最初のポイントで打つサーブにいちばん神経を使います。野球のバッテリーが打者への初球に気を遣うのと似ているかもしれません。初球への打者の反応を見て二球目を考えるのと同じように、最初のサーブの結果を受けて次のサーブを考えるのです。

最初にポイントを取れたなら次はこれ、取れなかったなら次はこれ……という感じで決めていくので、二ポイント目以降はあまり迷いません。前のポイントが終わった時点で、次のサーブをどうするか決めていることがほとんどです。

ときには迷いが生じてすぐに決められず、ボールをポンポンとつきながら相手の動作や目線などを観察して考えることもありますが、そういうときはあまりいい結果になりません。自分のことよりも相手のことを気にする時点で、リズムが乱れているのでしょう。自分の感覚で「次はこう打とう」と強気の選択ができているときのほうが、次々にいい形でポイントが取れて、簡単にキープできるような気がします。

前にジョコビッチの話をしたときに触れたとおり、サーブの前に何度もボールをついて時間をかけるのは、ほとんどの場合、次のサーブで迷っているか、自分のために間を取ろうとしているかのどちらかでしょう。駆け引きの一部として、相手のペースを乱すために時間をかける選手はあまりいないと思います。

逆に、相手を揺さぶるために時間をかけずに打つ選手はいます。たとえば、残念ながら二〇一九年五月のマドリード・オープンを最後に引退したダビド・フェレール（スペイン）は、ロングラリーの後のサーブを、間を取らずに打ちました。おそらく、長いラリーで息が上がっている相手を休ませない作戦だったのでしょう。彼自身はロングラリーが得意なので、いくら走っても問題なくプレーを続けられます。自分の強いところを生かすための面白い駆け引きでした。

ところで、サーブの駆け引きを優位にするには、どんなサーブに対して相手がどういうプレーをしたか、大まかな傾向は覚えておかなければいけません。

たとえばセンターへのフラット系サーブをうまくリターンされているなら、ワイドへのスライス系を増やすという対応策があり得ます。それにも相手が慣れてきたら、また別の攻め方を考える。相手は相手でこちらの傾向を見ながら次の一手を予想していますから、そこはまさに駆け引きです。

選手はいちいちメモを取るわけではありませんが、試合が進むにつれて頭の中に多くのデータが蓄積され、お互いの読み合いはどんどん深くなっていきます。それを選手といっしょにやりながら、終盤の大事な局面で選手がどんなサーブを選択するかを予測するのも面白いのではないでしょうか。

安全重視のクロスの打ち合いからどちらが先に仕掛けるか

サービスエースにはならなくても、いいサーブで相手を崩せば、二～三球でポイントを取ることができるでしょう。しかし相手のリターンがいいときは、ほぼ五分五分の「ラリー」が始まります。

その基本形は、前にお話ししたとおり、バックハンドのクロスの打ち合い。これは、お互いにリスクの低いプレーを選択している状態です。

クロスの打ち合いを見ていると、「どうしてすぐにオープンコートを狙わずに、相手のいるところにばかり打つんだろう」と首を傾《かし》げる人も多いと思います。同じようなクロスを打ち続ける様子にちょっとイライラしてしまう気持ちもわからなくはありません。

しかし選手は相手より先にミスをしたくないこともあって、やはり慎重なプレーを選択します。相手がよほどレベルの高い選手であれば別ですが、自分がいいクロスを打っていれば、いきなりストレートに打ち込まれることはありません。ネットが高くて距離も短いストレートはミスを犯すリスクが高いですし、コースが甘くなると自分のオープンコート（選手のいないエリア）に角度のあるクロスを打たれてしまいます。

対角線上ではなく、どちらもコートの中央あたりに立ってストレートを打ち合うこともありますが、これもお互いにリスクを取りたくない状態。真ん中からはショットに角度をつけにくいので、どちらもなかなか攻撃できません。下手に角度をつけて相手を左右に動かすと、もっと角度をつけたカウンターショットを打たれて、逆に形勢が悪くなりかねないのです。

そういう安全重視の状態から、どちらが先にリスクを負って仕掛けるか。それがラリーの見どころですが、「仕掛けるショット」にもいろいろあります。ラリーに何かしら変化をつけるのが「仕掛ける」ということ。打つコースは同じでも、スライスやドロップショットといった球種の変化で仕掛けることもあります。

しかし見ていていちばんわかりやすいのは、やはりクロスの打ち合いから一転してオープンコートにストレートを打ち込むプレーでしょう。いかにも「勝負に出た」と感じさせるショットです。

では、単調に見えるクロスの打ち合いからストレートに転じる「スイッチ」はどのように入るのでしょうか。

クロスの打ち合いの中で、選手は仕掛けるタイミングを見計らっています。たとえば相手のフォームが崩れたり、返球が浅くなったりしたら、これは自分から仕掛けるチャンス。そういうチャンスをつくるためには、質の高いクロスを打ち続け、ときには変化をつけることが大事です。ただ待っているだけでは、相手は隙を見せてくれません。

フォアの回り込みショットは相手にプレッシャーがかかる

クロスの質を高めるには、もちろんスピードやコースの深さなどが大事になります。ボールやショットのタイミングがはやいほど相手は時間を奪われて苦しくなりますし、深いボールを打たれると後ろに下がらざるを得ません。後ろに下がると返球の距離が長くなるので、浅いボールになる可能性が高まります。

しかし、ただ深いボールを打っていればいいというわけではありません。もっと重要なのは、できるだけ角度をつけてサイドラインの近くに配球すること。ストレートで仕掛けるつもりなら、相手を外側に追い出してオープンコートを広くつくる必要があります。とくに相手が最初から後ろで守っている場合などは、中途半端に深いボールを打ち続けても状況はあまり変わらないので、深さよりも左右の「幅」で揺さぶるのが大事です。

また、相手のリズムを乱すためにボールの質に変化をつけることもあります。コースはほぼ同じでも、スピンの量を変えたり、スライスを混ぜたりすると、相手もショットのタイミングや打ち方を変えなければなりません。クレーコートなら、山なりのボールを打ってバウンドの高さを変えるのも有効です。

クロスの打ち合いで選手がつける変化の中でも、いちばん見ていてわかりやすいのは「クロスからフォアへの変化」でしょう。コースやボールの質の変化は微妙なので、よく見ないとわかりません。しかし、それまでバックハンドでクロスを打っていた選手が、ボールの向こうに回り込んでフォアハンドでいわゆる「逆クロス」を打つと、誰でも「おっ、何か起こりそうだ」と思います。

バックのクロスとフォアの逆クロスでは、ボールの飛ぶ方向は変わりません。フォアで打っても、「クロスの打ち合い」は続いています。でもバックとフォアではスピードや球威、タイミングなどが違うので、打たれたほうはあまり心穏やかではいられません。

たとえば錦織も、真ん中よりややバック側のボールが来たときに、ときどきフォアに回り込んで逆クロスを打ちます。しかし、彼ほどのバックハンドの技術があれば、わざわざ回り込まなくても十分にいいクロスを打つことができるでしょう。

ではなぜ、素直にバックで打たないのか。バックでも処理できるボールをあえてフォアに回り込んで打つと、相手に強いプレッシャーをかけることができるからです。フォアで逆クロスを打たれた相手は、「自分の打ったクロスのコースが甘かったから回り込む余裕があった」と思うでしょう。すると、次はもっと厳しいコースを狙わなければいけなくなります。ギリギリを狙いすぎてミスをする確率が高まるわけです。

あるいは、フォアで強烈に打ち込まれた相手は、ポジションを下げざるを得なくなるかもしれません。すると相手コートの前方にスペースができるので、錦織にとっては得意のドロップショットを打つチャンスにもなります。相手はそれも警戒しなければいけないので、どんどん追い込まれていくわけです。

いずれにしろ、バックのクロスを打ち合っている途中で相手がフォアに回り込むのは、選手にとって決して気持ちのよいことではありません。錦織だけでなく、フェデラーやナダル、ジョコビッチなども、しばしばそれで相手にプレッシャーをかけます。その逆クロス一発でポイントを取ることができなかったとしても、ラリーを優位に展開する上でかなり大きな効果を持っているのです。

コート上では意地悪でずる賢くないと勝てない

トッププロと小学生ほどの実力差があれば別ですが、どんなに強烈なサーブ力やフォアハンドの破壊力を持っていても、テニスでは自分の得意技だけで相手をねじ伏せることはできません。それで取ることができるのは、勝利に必要なポイントのほんの一部。いまお話ししたラリーでの駆け引きもそうだったように、勝つためには相手が嫌がることをいくつも積み重ねていく必要があります。

お互いに相手の出方を見ながらくり広げる駆け引きは、ある意味で「騙《だま》し合い」のようなものですから、嫌なことをされて「そんなの狡《ずる》い」などと文句をつけているようではお話になりません。ジョコビッチを見ればわかるとおり、ずる賢さを含めてテニスの能力です。コート上では、相手に対して意地悪な面がないと強くはならないでしょう。

もちろん錦織も、相手の嫌がることをするのがうまい選手のひとり。調子のよいときほど相手の裏をかくような意地悪なプレーをしますし、それが多ければ多いほど彼の試合は見ていて楽しいものになります。「いい意味で意地悪」というのもおかしな表現ですが、選手が勝つためにやる「意地悪なプレー」は、見る側にとっても、試合を面白くする上で欠かせない要素なのです。

小学生にテニスを教えていると、対戦相手に自分の嫌がるプレーをされた子が「あんなの狡いよ！」などと口をとがらせることがよくあります。そんなときに僕が引き合いに出すのは、やはり彼らのスーパーヒーローである錦織です。

「みんな応援してるから文句をいわないけど、錦織と試合したら、狡いことばっかりしてくるから大変だぞ。いちいち逆をつかれて走らされたり、あんな見事なドロップショットやられたりしたら、頭に来るだろ？　でも、あれができるから錦織は強いんだよ」

そういうと、みんな納得してくれます。コートの外で意地悪やズルをしてはいけませんが、テニスでは子どもにもそれをどんどん奨励してかまいません。テニスとは、もともとそれを楽しむ「遊び」なのです。

それに、相手を騙すような「意地悪」も、単にずる賢ければできるほど簡単なものではありません。意地悪をしようとして失敗すれば自分がポイントを失うのですから、それを仕掛ける側にも相当なプレッシャーがかかります。

失敗しても意味のあるドロップショットもある

その典型は、やはりドロップショット。後ろに下がっている相手に対して、ボールをネット手前に落とす作戦です。大きくテイクバックして強いストロークを打つと見せかけることも多いので、まさに相手を騙す手口といえるでしょう。

しかし、軽く打ちすぎてネットを越えなかったり、相手に楽に追いつかれて逆にパッシングショット（前に出た相手の両脇を抜くショット）を決められたりすることも少なくありません。錦織や大坂が失敗したときに、「ああ、もったいない！」と悔しがるファンも多いと思います。「だったらふつうに強打したほうがよかったのに」というわけです。

それは選手自身も同じ。絶対に決めたい場面でドロップショットを失敗すると、精神的にはかなり大きなダメージを受けます。

ただし、ドロップショットは必ずしもその一球でポイントを取らなければいけないわけではありません。勝負をかけるドロップショットもあれば、駆け引きの道具として使うドロップショットもあります。

後者の場合、たとえば相手を前に走らせて体力を使わせることが主目的のこともあるでしょう。あるいは「こっちはドロップショットも打てるから、あんまり後ろに下がると危ないよ」という相手へのメッセージとして打つこともあります。そういうドロップショットは、ミスしたり相手に拾われたりしても、そんなに痛い失敗ではありません。次のプレーへの布石を打てたのであれば、選手は納得できます。

それに、いいショット一発で取ろうが、そこから何本かラリーをしてから取ろうが、一ポイントは一ポイント。ドロップショットが一発で決まれば二ポイントもらえるわけではありません。ですから、ネット際のギリギリのところに決まれば「いいドロップショット」かというと、必ずしもそうではないでしょう。ややコースが甘くて相手に拾われても、その返球を簡単に打ってポイントが取れるなら、それで問題ないわけです。

そもそもネット際のギリギリを狙うドロップショットは自分にもプレッシャーがかかりますし、ミスになるリスクも高い危険なプレー。これはドロップショットにかぎった話ではありません。ラインやコーナーのギリギリに決めたスーパーショットは拍手喝采を受けますが、そういうショットを打たざるを得ないのは、自分が追い込まれているからでしょう。ラリーの主導権を握って相手を動かしていれば、ギリギリを狙わなくても楽にエースを取ることができるはず。むしろコートのど真ん中に打ってもエースになるのが、選手にとっては理想的な展開なのです。

ですから「いいドロップショット」の条件も、ギリギリの場所に決まったかどうかではなく、しっかりと相手を騙せたかどうか。完全に騙すことができたら、たとえサービスコートの奥あたりに落ちた甘いドロップショットでも、相手は一歩も動けません。それが最高のドロップショットだと僕は思います。

相手をしっかり騙すのがいいドロップショット

いずれにしろ、相手の意表をつかなければドロップショットを打つ意味はありません。サプライズの誕生パーティが本人にバレたら台無しになるのと同じですから、打つ瞬間まで「気配」を消す必要があります。

したがって、難しいのは決断のタイミング。あまり早い段階で「次はドロップショット」と決めてしまうと、間合いが長くなりすぎて、気配を完全には消しにくい。準備動作の微妙な変化で、相手に悟られてしまいます。それに、相手が打つ前に決めていても、ドロップショットを打てるようなボールが来るとはかぎりません。

決断のタイミングは選手によって違うでしょうが、僕の場合、自分が「ここだ」と急にひらめいて打つドロップショットのほうが成功率が高いように思います。もちろん、あらかじめ「どこかでドロップショットを使う」という戦略がなければひらめくこともありませんが、自分でもちょっと意外なタイミングのほうが、相手も意表をつかれやすいのかもしれません。

また、相手のショットに追い込まれて劣勢に立たされ、ドロップショットぐらいしか対抗手段がないこともよくあります。見ていても、苦し紛れに打ったように感じることはあるでしょう。しかし相手が予想していなかったり、いいコースに飛んだりすれば、それでもポイントを取れることはあります。「まぐれ」であっても、一ポイントは一ポイントですから、決して悪くはありません。

ただしドロップショットは、たとえ「結果オーライ」であってもうまくいくと味をしめて続けがちなのが怖いところ。「さっき成功したから」と大事な場面でドロップショットを打って失敗し、それが試合を落とす致命傷になってしまうこともあります。戦略的に相手をしっかり騙せたから成功したのか、たまたま結果オーライでポイントが取れたのかを冷静に見極めなければいけません。

ですから見ているファンも、選手がどういう意図でそのドロップショットを打ったのかを想像することが大事。相手のブレイクポイントやセットポイントなどの苦しい場面でドロップショットを決めると「なんて勇気があるんだろう」と感動するかもしれませんが、じつはそれ以外に選択肢がなく、苦し紛れに打ったのかもしれない。逆に、甘いドロップショットを逆襲されてポイントを失っても、選手はそれほど「もったいない」とは思っていない可能性があります。一ポイント失っても、それによって相手のポジションが前がかりになり、次からは深いストロークが有効になれば、そのドロップショットは成功だったといえるのです。

試合全体を見据えた駆け引き

ここまでは、おもにひとつのポイントの中での駆け引きについてお話ししてきました。しかしテニスは目の前のポイントを取ることだけが目的ではありません。最終的な目的は、もちろん試合に勝つことです。

そのためには相手より多くのセットを取る必要があり、セットを取るためには相手より多くのゲームを取る必要があり、ゲームを取るには相手より多くのポイントを取らなければなりません。だからポイントを取るのが大事なのは当たり前です。

とはいえ、サービスゲームをラブゲームでキープしても、何度もデュースをくり返した末に取っても、一ゲームは一ゲーム。セットも同じで、6－0で取ろうがタイブレークで取ろうが、一セットは一セットです。

たとえば6－0、6－7、6－7のスコアで負けた場合、取ったゲーム数は一八対一四で自分のほうが上。それでもセットカウントは1－2です。試合を通じて相手より多くのポイントを取っても、負けることはあり得るでしょう。ちょっと理不尽に感じるかもしれませんが、それがテニスの面白いところです。

ですから選手同士の駆け引きは、ひとつのポイントの中だけで行われるわけではありません。あるショットが次のショットへの布石になるのと同じように、ひとつのゲームの中で、あるポイントが次のポイントの布石になることもあるでしょう。当然、ひとつのセットや試合全体を見通した上での駆け引きもあります。

とくに試合の序盤では、目の前のポイントやゲームを落としたとしても、そこで仕掛けたことが後で効いてくることが少なくありません。それこそ、たとえ第一セットを0－6で失っても、そのあいだに相手の弱点を見つけたり、自分の武器の中で何が通用するかを見極めたりすれば、残りの二セットで逆転することができる。だから、錦織のように相手のことをよく観察してから駆け引きをするタイプの選手は、後半に強いスロースターターになるわけです。

もちろん、選手は試合が始まってから戦術を考えるわけではありません。対戦相手が決まった時点で、大まかなプランを立てます。プランを立てるには、まず自分自身の得手不得手や好不調をきちんと把握しなければなりません。その上で相手のプレースタイルを分析して、試合展開をイメージするのです。

たとえば自分がネットプレーを効果的に使いたいなら、相手はどちら側にパッシングショットを打つ確率が高いのか、あるいはすぐにロブを上げてくるのかといったことを予想し、それへの対策を講じておくでしょう。相手がフォアの回り込みショットを得意としているなら、クロスの打ち合いでボールが浅くなってはいけないし、バック側の厳しいところを攻めたい、そのためにはポジションをどう取ってどんなボールを打てばよいか……といったことを考えるわけです。

お互いにそういうプランを持って試合に臨むわけですが、よほど特別な事情がないかぎり、最初はそれぞれが得意なパターンを出します。過去に対戦経験のある選手はもちろん、初対戦でもビデオなどを見ればお互いにどんなプレーを得意にしているかはわかるので、隠してもあまり意味はありません。ですから、最初の数ゲームはお互いが試合前に予想したとおりのプレーが展開されます。

序盤の探り合いで「エサ」をまいておく

しかし、本当の駆け引きが始まるのはそこから。お互いに、試合前に描いたプランがうまくいく場面もあれば、思ったほどポイントが取れない場面もあるでしょう。調子の良し悪しやサーフェスの状態などが予想と違うこともよくあります。「ネットプレーをもう少し増やそう」とか「相手が調子いいのでストロークでしっかり守ろう」といった具合に、実際にプレーをした手応えを踏まえて戦い方を調整しなければなりません。

そういう序盤の探り合いの中では、試合の中盤以降のために「エサをまく」ようなこともします。たとえば第一セットで劣勢に立たされて、1－5で自分のサービスゲームを迎えたとしましょう。そのセットを完全に諦めることはありませんが、落とす可能性が高いのは間違いないので、次のセットのために何か手を打っておく必要があります。リードしている相手に「このまま同じようには進まないかもしれない」と考えさせるようなプレーを見せておく。それが「エサをまく」ということです。

選手にはそれぞれポイントを取るための得意パターンがあって、できればそれをやり続けたいと考えます。たとえばフェデラーやデル・ポトロなら、強烈なサーブで相手を崩して、甘いリターンをフォアで仕留める。錦織なら、バックのクロス一発で相手を外に追い出して、次にダウン・ザ・ラインでエースを取る。そのパターンで飽きるほどポイントを取りまくるのが理想です。

しかし現実にはそうもいきません。相手もこちらのやりたいことはわかっているので、それを封じるための手を打ってくるでしょう。

それでも最終的に得意な形で勝負するためには、早い段階でちょっと目先を変えておく必要があります。相手に的を絞らせないよう、ほかのオプションも見せておく。自分の得意なパターンをあからさまにせず、「濁しておく」とでもいえばいいでしょうか。

たとえば本来はフォアの強打で決めたい選手が、バックでも打てるところを見せておく。あるいは、思い切ったネットプレーでポイントを取りにいく。相手がそれほど得意としていないやり方でポイントをひとつでも取られると、選手は「あれ？　こんなこともやるのか」と思うものです。

しかもそういうプレーは印象が強いので、試合の終盤になっても忘れません。そうやって第一セットでまいたエサに食いついてくれると、五セットマッチなら第三セットや第四セットで相手に迷いが生じて、自分の得意技で勝負できたりするのです。

捨てるポイントやゲームをうまくつくれるのがいい選手の条件

ただしこれはポイントを失う可能性も高いので、それなりに余裕がなければできません。実力差のある強い相手との試合では、なかなか難しい。僕もフェデラーとの試合では、序盤から自分の得意なことをどんどんやらないとポイントを取れないので、エサをまく余裕があまりありませんでした。だから基本的にはサーブ&ボレーやスライスで勝負。それでも、40－0（フォーティ・ラブ）や0－40といった場面では、何度か「こんなエサに食いついてくれるかな？」と思いながらストロークの打ち合いでポイントを取りにいきました。

錦織も、試合の序盤ではよくエサをまきます。どこでどんなエサをまくかは見ていてもわかりにくいのですが、大差のついた序盤のゲームやセットで彼が何をするか注目していると、気づくこともあるかもしれません。エサをまいたせいでポイントを失うこともあるので、「もったいない」と思うかもしれませんが、それはあくまでも試合に勝つためにやっていることです。

エサをまくようなプレー以外でも、選手がポイントやゲームを「捨てる」ことは少なくありません。「捨てる」というとやや語弊がありますが、試合全体のことを考えて積極的には取りにいかない場面はよくあります。

たとえばグランドスラム（五セットマッチ）のファイナルセットで自分が相手のサービスゲームをひとつブレイクしたとしましょう。あとは自分のサービスゲームをキープし続ければ勝つことができます。体力的に厳しくなっている状態で、それでも相手のサービスゲームを本気でブレイクしにかかるべきかどうか。相手との力関係やそれまでの試合展開にもよりますが、自分のサービスゲームに全力を傾けるためにリターンゲームを「捨てる」という選択は十分にあり得ます。

記憶に新しいところでは、二〇一九年の全仏オープンで西岡良仁《よしひと》とフルセットマッチを戦ったデル・ポトロがそうでした。第五セットで先にブレイクすると、もうリターンゲームでは無理をしない。ハードヒットはするものの、「入ればラッキー」という程度の打ち方です。そして自分のサービスゲームでは「絶対に落とさない」という気迫を見せる。疲れてくると集中力も落ちるので、そうやって「オン」と「オフ」を切り替えていたのでしょう。負けたとはいえ、強豪のデル・ポトロをそこまで追い込んだ西岡もすばらしい試合をしたと思います。

ともかく、試合に勝つためには、すべてのポイント、ゲーム、セットを生真面目に取りにいく必要はありません。錦織などは、挽回の難しくなったセットを捨ててまで次のセットに備えることもあります。相当な勇気と自信がないとできないことですが、何かをうまく「捨てる」ことができるというのも、いい選手の条件。それができない選手は、試合全体を通した駆け引きに勝つこともできないのです。

ヒリヒリする勝負は「0－30」から始まる

ところで、テニスの試合を見ていていちばん手に汗を握るのは、どんな場面でしょうか。ブレイクポイント、セットポイント、そしてマッチポイントと、この競技には「あと一本」という緊張感に包まれる局面がいくつもあります。その一歩手前、30－30や40－40で「次のポイントをどちらが取るか」というスコアも、一方を応援しているファンにとっては力の入る場面でしょう。

しかしプレーしている選手たちにとっては、それよりもう少し手前に、ちょっと空気の変わるスコアがあります。

それは、0－30。サーブ側が続けて二ポイントを落とした場面です。

ゲームは二ポイント差がつかないと終わらないので、必ず一方がどこかで連続ポイントを取らなければいけません。その連続ポイントをいきなりリターン側が取ったのですから、サーバーにとってはかなり嫌な局面といえるでしょう。

前に、いいリターンが返ればそのポイントではサーバーの優位が消えてほぼ互角になるという話をしました。それと同じように、ひとつのゲームにおける流れを考えた場合は、この0－30が「互角」になる節目というのがテニス界の通説。サーブ側の優位性が消えて、ブレイクのにおいが漂ってくるのが、このスコアです。

ピンチに陥ったサーバーとチャンスを迎えたレシーバーが、それぞれ何を考えて、どんな仕掛け方をするのか。お互いの目の色が変わる0－30からが、ヒリヒリするような「勝負」の始まりといってもいいでしょう。

もし次のポイントもレシーブ側が取れば、0－40でトリプルのブレイクポイントとなります。かなりサーブのよい選手でも、そこから三ポイント連取してデュースに持ち込むのは簡単ではありません。０－30からサーバーが一ポイント返して15－30にしても、次を取られれば15－40でダブルのブレイクポイント。そもそもファーストサーブの成功率やポイント取得率が落ちたから０－30になってしまったわけですから、どちらにしても苦しい状況に変わりはありません。

もちろん、30－40や40－Ａ（アドバンテージ）のブレイクポイントも、サーバーにはそれなりのプレッシャーがかかります。でも次の一本に集中すればセーブできると思えるので、そんなに嫌なものではありません。

それと比べると、０－40や15－40のブレイクポイントは連続ポイントを取らないとセーブできないので、心理的な重圧がまったく違います。そして、ダブルやトリプルのブレイクポイントを与えてしまうきっかけが、０－30なのです。

ブレイクポイントが一〇回あっても取れなければ相手のペース

たとえば、二本ともファーストサーブが入らなかったせいで０－30になったとしましょう。次のポイントでファーストサーブが入って15－30にできたとしても、サーブが不安定なので安心はできません。それまでセカンドサーブで二ポイント連取されているので、次のファーストサーブが入らなければ、またポイントを失って15－40にされる可能性が高いでしょう。

仮に15－30からのセカンドサーブで何とかポイントを取って30－30になったとしても、追いついてホッとする心境にはなりません。前にお話ししたとおり、セカンドサーブのポイント取得率は五〇％あれば御の字です。しかしこのゲームではそれが三三％（三回に一回）に落ちている。試合中に選手がそこまで細かく計算しているわけではありませんが、感覚的に「次もやられるのではないか」という気持ちになってしまいます。

ですから、選手はできるだけ0－30の状況にしたくありません。自分のサービスゲームで何度もデュースになったり、30－40のブレイクポイントを相手にたくさん握られるよりも、しょっちゅう0－30になってしまうほうがストレスが溜《た》まります。

逆にいうと、応援している選手がなかなか相手のサービスをブレイクできなくても、リターンゲームで0－30の状況を何度もつくれていれば、決して悪くない戦い方をしていると思っていいでしょう。じわじわと相手にプレッシャーをかけています。

ただし、同じようになかなかブレイクできない展開でも、ブレイクポイントを何度も握っているのに取れないのは、あまりよろしくありません。再三にわたって相手のサービスゲームをデュースまで持ち込み、そこからアドバンテージを取ったり取られたりしながらも、結局はキープされてしまうという流れはよくあります。一見すると相手を苦しめているように思えますが、これはむしろ相手のペースだと考えたほうがいいでしょう。たとえ一〇回のブレイクポイントがあっても、それを一〇回ともセーブしていれば、相手はそんなに焦っていません。

そもそもテニスはサービス側が有利で、そう簡単にブレイクチャンスは訪れないのですから、「少ないチャンスをモノにできる力」が求められるのは当然のこと。何度もブレイクチャンスを握りながらブレイクできないのは、駆け引きの面で相手が優位に立っているからでしょう。駆け引きで負けているから、詰めが甘くなるのです。

お互いの力が拮抗《きっこう》している試合ほど、ブレイクのチャンスはなかなか来ません。球足の遅いクレーコートではブレイク合戦になることもありますが、グラスコートやハードコートではどちらもサーブで譲らず、ブレイクポイントさえひとつもないまま、タイブレークの7－6でセットを終えることもよくあります。

そういう展開でブレイクするには、まずレシーバーが最初のポイントを取ることが大事。0－15にしないと何も始まりません。サービス側からすると、15－0と0－15では気持ちがかなり違います。さらに0－30になると、一気に緊迫度がアップする。たったひとつのブレイクで結果が左右されるような試合ほど、そこからの勝負が面白いのです。

突如サーブ&ボレーを始めて流れを変えた錦織

どんなスポーツもそうですが、テニスの試合にも目に見えない「流れ」のようなものがあって、それがよくなったり悪くなったりします。それこそサービスゲームで何度も0－30にされてしまうようなときは、たとえスコアの上では対等であっても、流れが悪い。もちろん、立て続けにブレイクされてゲームカウントが0－3や1－4になっているようなときも、流れはよくありません。

ほかのスポーツなら、悪い流れを変えるために作戦タイムを取ったり、選手交代をしたりできるでしょう。しかしテニスは、選手が自分ひとりで考えて、流れを変えるための手を打たなければなりません。苦しい状況に立たされた選手が、どうやって悪い流れを乗り越えようとするのか。それも観戦ポイントのひとつです。

流れが悪い以上、同じようなプレーを続けていたのではいけません。試合の序盤はお互いに得意なプレーを出すといいましたが、それでうまくいかないのですから、ふだんあまりやらないプレーもやらざるを得ないでしょう。

とはいえ、苦手なプレーを無理やりやったのでは流れをもっと悪くするだけです。その意味では、「これがダメなら次の手で」と二の矢、三の矢を放てる引き出しの多い選手のほうが、試合の流れを変える能力も高いことは間違いありません。

いうまでもなく、錦織はそういう選手のひとりです。基本的には彼もストローカーですが、流れが悪いときにはそのプレースタイルを捨てて突如サーブ&ボレーを始めることもできる。最近では、二〇一九年五月のBNLイタリア国際（ローマ・マスターズ）でそんな試合がありました。ディエゴ・シュワルツマン（アルゼンチン）との一戦です。

連戦の疲れもあったのか、この日の錦織はミスが多く、第一セットでなかなかゲームを取れません。0－5にまでなってしまったのですから、明らかに流れが悪い。そのセットは取れないにしても、何か手を打つ必要があります。

そこで自分のサービスゲームを迎えた錦織がサーブ&ボレーを始めたとき、僕は「さすがだな」と思いました。シュワルツマンにしてみれば、そこまでリードしたのですから、そのまま簡単に第一セットを終わらせたい。彼もストローカーですから、同じスタイルで続けたいところでしょう。「なんで錦織はサーブ&ボレーなんかやり始めたんだ?」と少し途惑ったに違いありません。

これによって、明らかに流れは変わりました。そこから錦織が四ゲームを連取して、4-5まで差を詰めたのです。続く第一〇ゲームでも、錦織が一度はセットポイントをしのぎました。しかし残念ながらシュワルツマンがブレイクに成功して第一セットは4-6、第二セットも取られて負けてしまいましたが、一方的な展開になりかねない試合を「あと一歩」のところまで挽回したことには大きな価値があります。もし第一セットで5-5に追いついていたら、相手もガックリして錦織が勝ったのではないでしょうか。

時間を奪うプレー、時間をつくるプレー

悪い流れを変えるには、それまで速かったラリーのテンポを遅くしたり、逆にスピードを上げたりすることもあります。同じペースで進めたのでは相手のリズムを崩せないので、まさに時間の「流れ」を変えてみるわけです。

日本の選手でとくにこれが得意なのは、西岡でしょう。小柄な彼は、パワーとスピードで打ち合うだけでは相手に押されてしまいます。その劣勢を立て直すために、ちょっとポジションを下げ、スピンをかけた高いボールでラリーのテンポを下げる。あるいは、強打すると見せかけて、ゆるいドロップショットを打つ。時間の流れを変えることで相手のペースを乱し、次はフォアでスピードを上げたショットを打ち込んだりするのです。

流れが悪いときにかぎらず、「時間」をコントロールするのは駆け引きの基本。テレビ中継の実況や解説でも、「相手の時間を奪う」「自分の時間をつくる」という表現をよく耳にすると思います。

時間を奪うとは、返球のタイミングを早めて相手に十分な準備をさせないようなプレー

のことです。そのためにできるのは、ボールのスピードを上げることだけではありません。相手との距離を縮めれば相手にボールが届く時間も短くなるので、たとえばネットに出るのもひとつのやり方。そこまで前に出なくても、ベースライン後方で打っていた選手が少しベースラインの内側に入るだけで、相手の時間を奪うことはできます。

あるいは、かつて伊達公子さんの代名詞のようなテクニックだった「ライジングショット」も時間を奪うプレーです。バウンドしたボールが落ちてくるのを待つのではなく、ボールが上がり切る前に早いタイミングで叩くのがライジングショット。それだけのタイミングの違いでも効果は大きく、だからこそ、これを武器にした伊達さんはライバルとの体格差をカバーして世界ランク四位まで駆け上がることができました。錦織も、これを得意にしています。

一方、時間をつくるショットの典型はスライス。スライスを使う目的はそれだけではありませんが、相手のショットでコートの外に追い出されてしまったときなど、自分がポジションに戻る時間を稼ぐためにこれを打つことがよくあります。

後ろに下がったからといって消極的なわけではない

先ほどお話ししたように、高い軌道のスピンボールを打ったり、ポジションを下げたりするのも、時間をつくる方法であることはいうまでもありません。後ろに下がると「押し込まれている」ように見えるかもしれませんが、相手が積極的にどんどん強いボールを打ち込んでくるときは、それも有効な戦い方。サッカーでたとえるなら、前へ前へとどんどん攻め込むのではなく、いったんディフェンスラインにボールを下げて横パスを回すようなイメージでしょうか。少し時間を稼ぎながら、自分の攻撃を組み立てるわけです。

これは、決して消極的な戦い方ではありません。あくまでも駆け引きの一環です。誰よりも攻撃的なテニスをするフェデラーも、攻めるときは前に出ますが、守るときはベースラインの後方でチャンスをうかがいながらプレーします。錦織もベースライン付近でプレーすることが多いものの、下がるときは下がる。その前後の動きで時間や緩急などをコントロールするのですから、どちらのポジションでもプレーできなければ有効な駆け引きはできません。ベースラインより後ろでプレーできることは、選手にとってとても大事なスキルです。

たとえばワウリンカは、相手のセカンドサーブになるとポジションを後ろに下げ、そこから強いリターンを打ってからラリーを始めます。セカンドサーブはファーストサーブより遅いボールになることが多いので、不思議に感じる人もいるでしょう。たしかに、多くの選手が前に出てセカンドサーブを強く叩きます。

しかしワウリンカの場合、相手の時間を奪うのではなく、自分のために時間をつくっています。セカンドサーブはもともとボールが遅いのですが、自分が下がれば下がるほどさらに球速が落ちるので、自分の体勢をしっかり整えてから思い切りフルスイングできる。ワウリンカのような強いショットの持ち主だからこそ意味のある「攻撃的な下がり方」だといえるでしょう。

リオ五輪三位決定戦のトイレット・ブレイク騒動

コート上のプレー以外でも、選手は悪い流れを変えるためにいろいろなことをします。たとえばベンチでシャツを着替えるのも、単に汗で濡《ぬ》れたことだけが理由ではないかもしれません。さっぱりして気分を変えれば、苦境を脱するための戦術的なアイデアを思いつくこともあるでしょう。

また、テニスに作戦タイムはありませんが、いくつかタイムアウトを取ることはできます。そのひとつが、セット終了時に取ることのできるトイレット・ブレイク。用を足すだけでなく、ここで着替えたり顔を洗ったりすることもできます。いったんコートを離れることができるので、頭を冷やして気分転換をするにはいい時間でしょう。ただし、実際にトイレに行きたいときに行けないのも困りますから、タイミングをよく考えて取らなければいけません。

錦織もトイレット・ブレイクを取ることがあります。彼の試合では、それでひと悶着《もんちゃく》（？）起きたことがありました。ナダルと銅メダルを争った、二〇一六年リオデジャネイロ五輪の三位決定戦です。ナダルがタイブレークを制して1－1に追いついた第二セット終了後、ふたりはどちらもトイレット・ブレイクを取りました。しかし、ナダルはすぐコートに戻ったものの、錦織がなかなか帰ってこない。待たされたナダルは苛立《いらだ》って審判にクレームをつけていました。

とはいえ、これは追いつかれて流れを変えたい錦織がわざと焦《じ》らしたわけではなかったようです。テレビ番組で沢松奈生子さんが説明していたそうですが、どうやら、ナダルが近くのトイレに案内されたのに対して、錦織は会場から離れた遠いトイレに案内されてしまったので時間がかかったというのが事の真相。しかし結果的に錦織が第三セットを取って銅メダルを手にしたことを考えると、あれが流れを変えるのに役立った可能性は否定できません。

ちなみに、トイレット・ブレイクでコートを離れた選手には、線審が「監視役」としてついていきます。これは、コーチなど関係者との接触を防ぐため。テニスはひとりで戦うスポーツなので、このあたりは徹底しています。たまたま同じ時間にコーチがトイレに行って鉢合わせしてしまうこともありますが、下手に近づくと「アドバイスしたのではないか」と疑われかねません。そのため、選手が出ていくまで離れたところで待機することもあります。

しかし試合の流れが悪いときほど、誰かの助言がほしくなるのはたしか。スタンドで見ているコーチも、黙っていられない気持ちになるものです。もちろん、それでも黙っていなければいけませんが、たまに一線を越えてしまう人もいないわけではありません。二〇一八年の全米オープン、大坂との決勝戦で審判から警告を受けたセレナ・ウィリアムズのコーチがそうでした。声は出さなかったものの、仕草で作戦を伝えてしまい、コーチもそれを認めています。流れを変えたくて思わずやってしまったのでしょうが、結局、あの騒動でセレナの流れがかえって悪くなったともいえるかもしれません。

ただしプレーに関するアドバイスさえしなければ、声をかけても大丈夫。コーチや家族が「がんばれ!」「あと一本!」などと声援を送るのはかまいません。テレビ中継でも、選手のガッツポーズに応える「陣営」の姿がしばしば映し出されます。海外の試合の場合、「日本語ならアドバイスしてもわからない」などという話を耳にすることがないわけではありませんが、無論、そんなことをしてはいけません。

日没サスペンデッドで流れが変わった伊達×グラフ戦

トイレット・ブレイクのほかに、体を痛めた選手が取ることのできる「メディカル・タイムアウト(MTO)」も試合の流れを左右することがあります。手当てが必要な状態なのだから仕方がないとはいえ、自分がいい流れで試合をしているときに待たされるのはうれしいことではありません。なにしろどこか痛いのですから、MTOを取った選手のほうが悪い流れになっていることが多いのです。

そのため、「本当に痛いのか？」と疑いたくなるMTOがあるのもたしか。まったく問題ないのにタイムアウトを取る選手はさすがにいないと思いますが、自分に流れが来ているときなら我慢できる程度の痛みでも、流れが悪いときは躊躇《ちゅうちょ》なく取るということはあるでしょう。

また、選手が自らの意思で取れるわけではありませんが、試合の流れを大きく変える「ブレイク」としては、日没や悪天候による中断やサスペンデッド（順延）のことも忘れてはいけません。中断していったんコートを離れる場合は、控え室でコーチからのアドバイスを受けることもできます。流れを変えたい選手にとっては、じつにありがたい時間でしょう。

逆に、いい流れで進めている試合が翌日に持ち越されるぐらい残念なことはありません。有名なのは、伊達さんが女王シュティフィ・グラフ（ドイツ）を惜しいところまで追い詰めた一九九六年のウィンブルドン準決勝です。第一セットは２－６でグラフが取りましたが、第二セットは逆に６－２で伊達さんが取り返した。そこでグラフが主審に「もう暗くてボールがよく見えない」とサスペンデッドを要求します。

しかし試合会場はまだ十分に明るく、プレーに支障はないように見えました。実際、伊達さんはサスペンデッドを求めていません。選手がどちらも「もうできない」と主張すれば続けることはありませんが、一方だけがサスペンデッドを求めている場合は、審判と大会スーパーバイザーの判断で決まります。

ふつうなら、あの試合はそのまま続行したかもしれません。サスペンデッドの決定が下されたのは、要求したのが女王グラフだったからではないかともいわれています。いずれにしろ試合は翌日に第三セットが行われ、グラフが勝って決勝に進みました。いい流れだった上に、もともとスロースターターの伊達さんにとっては、本当に悔しいサスペンデッドだったことでしょう。

修羅場をくぐった経験が「強いメンタル」の源泉

ほかにも、主審の判定に対する抗議や苛立った選手の非紳士的な振る舞い、静寂を乱す観客の声など、試合の流れや会場の空気を変えかねないものはいろいろあります。

自分のプレーがうまくいかないときの選手はストレスが溜まっているので、自分を鼓舞するような大きな声を出して発散するぐらいは問題ないでしょう。しかし観客や審判に向かって暴言を吐いたり、ラケットを地面に叩きつけてへし折ったり、ベンチのドリンクボトルを蹴飛ばしたりするのは感心しません。警告を与えられれば自分が損をすることになりますし、観客のブーイングを浴びて逆に流れが悪くなることもあります。

そう考えると、悪くなった試合の流れを引き戻せるかどうかは、いわゆる「メンタルの強さ」も大きくモノをいうのかもしれません。劣勢に立たされても弱気にならずに挽回する方法を考えるには、タフな精神力が必要です。

では、どうすれば逆境に負けないメンタルの強さが身につくのでしょう。これについてはいろいろな人がさまざまな考えを持っていると思いますが、僕は何よりも「経験」が大事なのではないかと思っています。

人はよく「絶対に諦めない強いメンタル」などといいますが、結果的に大逆転で勝った選手でも、実際は挽回する前に「もう無理だ」と諦めの心境になっていることはいくらでもあるでしょう。勝ったから試合後に「諦めなかった」といえるだけです。じつは諦めかけていたのに逆転できたのはなぜかといえば、過去に似たような経験があったからではないでしょうか。

テニスは相手のある競技なので、自分がいくら諦めずにがんばっても、相手が自分を上回るプレーをすれば勝てません。逆にいうと、諦めの心境になって試合を捨てかけていても、相手が崩れてくれれば逆転もできるということです。そういう経験があれば、「かなり苦しい試合だけど、自分さえミスしなければ相手が崩れる可能性もあるな」と考えて、とりあえず目の前のショットを丁寧に打つように心がけるかもしれません。もちろん、過去に自分が何か手を打ったことで相手が崩れたことを思い出して、それを試みることもあるでしょう。だとすれば、場数を踏んでいくつもの修羅場をくぐればくぐるほど、逆境に耐えられる「メンタルの強い選手」に見えるようになるわけです。

たとえば世界ランク一位に上り詰めるまでの大坂がそうでした。以前の大坂は、リードしながらも自ら崩れて逆転されてしまう試合が目立ったものです。しかし二〇一八年の全米オープン決勝は観客が完全にセレナを応援する異様な雰囲気の中で優勝。二〇一九年の全豪オープン決勝もペトラ・クビトバ（チェコ）に苦しめられながらもフルセットで勝ち切ってグランドスラム連覇を成し遂げました。

続く全仏オープンも、優勝こそできなかったものの、一回戦と二回戦では絶体絶命のピンチをしのいで大逆転勝利。「わざと演出してるのか？」と思うほどのドラマチックな試合でしたが、それも彼女が経験を積むことでタフな選手になったということでしょう。その後はウィンブルドンで初戦敗退するなど調子もランキングも落としましたが、それも経験のうち。世界ランク一位の重圧は誰でも経験できるものではありません。この修羅場をくぐれば、いずれ、ますますタフな選手になってタイトルを獲りまくることでしょう。

テレビ中継は副音声でも観戦してみよう

この章では、選手同士の駆け引きや試合の流れについてお話ししてきました。細かい話も多かったので、試合を見慣れるまではその味わいがわかりにくいかもしれません。

でも、テニスを見始めたばかりの人が駆け引きの面白さを楽しむには、いきなりひとつひとつのプレーを細かく分析しなくても大丈夫。まずは選手たちの表情や仕草をじっくり見ることから始めてみてください。

どんなスポーツもそうでしょうが、とくにテニスは自分以外の誰にも頼ることができない孤独な競技なので、人間の喜怒哀楽があちこちに表れます。

選手たちはひとりで考え、自分自身を見つめ、相手のことを観察し、ボールを打つことで何かを表現しようとしています。したがって、コート上で交錯するそれぞれの感情や思惑など目に見えないところが、駆け引きの原点のようなもの。漠然とでもそれを想像しながら観戦することで、試合の見え方はまったく違うものになるでしょう。

テレビ観戦の場合、副音声で現地会場音のみを流しているケースもあるので、自分の目でじっくり観察するためには、副音声にするのもひとつの手です。僕も解説者として喋ることがあるので、立場上そんなことはいってはいけないのかもしれませんが、実況や解説の言葉に引きずられると、自分らしい見方ができにくくなる面はどうしてもあります。いま選手が何を感じ、何を考えているのかを説明されると、自分なりの想像ができません。

とはいえ解説者の話もできれば聞いてほしいので、生中継は副音声で観戦し、あとで実況・解説つきの録画を見るというのもお勧めです。自分が想像した選手の考えやプレーの意味などを、解説者はどう解釈して説明していたのかをたしかめてみるのです。

納得のいく説明もあるでしょうし、「そうかなぁ?」と疑問を持つこともあるでしょう。もちろん、絶対的な正解はありません。選手自身も、「あの場面でなぜあのプレーを?」と聞かれてすべてを答えることはできないと思います。

でも、本人でさえわからないことがあるからこそ、見ている人たちがあれこれ考えて語り合うのが面白い。それに、同じ試合を録画であらためて見直すと、結果を知っていることもあって、最初は気づかなかったことが「ああ、さっきのプレーはこれの布石だったんだな」などと見えてくることもよくあります。そうなると、次の試合観戦が待ち遠しくなるでしょう。選手が場数を踏んで強くなるのと同じように、観戦するファンもそうやって経験を積めば積むほどテニスの世界に魅入られていくのだと思います。

終章　デビスカップで日本が優勝する日

ワールドグループ進出の難しさ

二〇一九年から、男子テニス界にはひとつ大きな変化があります。

とはいえ、ATPツアーのことではありません。男子テニスには、個人の戦いであるATPツアーとは別に、各国が代表チームを結成して戦う国別対抗戦「デビスカップ(デ杯)」があります。一九〇〇年に始まった伝統ある大会で、これまでは一年間かけてホーム&アウェイのトーナメント方式で行われてきました。

しかし二〇一九年からは、そのファイナルが一週間の集中開催で優勝を決める方式になります。その第一回は、一一月にスペインのマドリードで行われ、日本代表チームも出場。一八ヵ国の代表チームが一堂に会して短期決戦をやるとなれば、これまで以上にスポーツファンの関心を集めることになるでしょう。ふだん個人で戦っている選手たちがチームをつくって国の代表として戦うデ杯には、ATPツアーとはまた違うテニスの面白さが詰まっています。そこで本書の最後に、僕自身の経験も含めて、デ杯についてお話ししておきましょう。

僕は、一九九五年に初めて出場してから二〇一一年までの一七年間で一五年、代表選手としてデ杯に出場しました。じつは、これは歴代最多記録。何度も出場したおかげで、最多試合出場、最多勝利、シングルス最多勝利、ダブルス最多勝利といった記録もいまのところ僕が持っています（シングルス最多勝利は福井烈《つよし》さんと並んでいます）。

とはいえ、僕がデ杯に出場していた期間に日本は一度もワールドグループに進出していません。デ杯は、ワールドグループの下に四段階の地域グループがあります。当時、日本は地域グループでは最上位のアジア／オセアニアゾーン・グループIに入っていましたが、オーストラリアやインド、ニュージーランドなどの強豪国がいっしょだったので、そこで勝つのは簡単ではありませんでした。

しかも、そのグループIを勝ち上がっただけではダメ。さらにワールドグループ一回戦の敗者と入れ替え戦を行い、それに勝ってようやくワールドグループに上がれる仕組みでした。その方式が導入された一九八一年と一九八五年には、福井さんの活躍もあって、日本はワールドグループに進出しました。その次に進出したのは、二〇一二年。その代表チームには錦織がいました。それまでは松岡修造さんがいてもワールドグループに進めなか

デビスカップの仕組み(2018年まで)

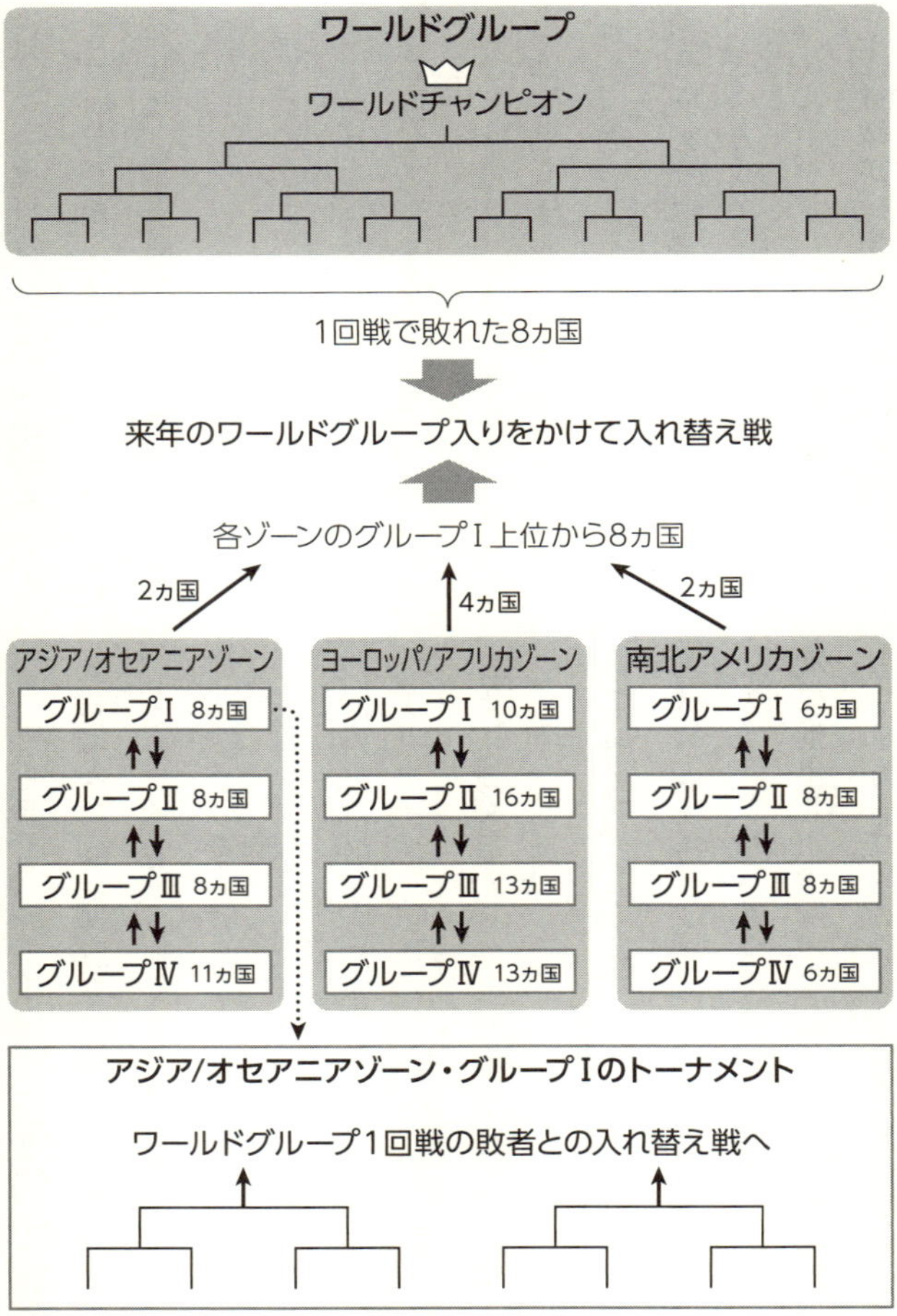

※図は著者が出場していた2004年のもの。

ったわけです。

ですから僕の成績は、おもに地域グループでのもの。弱い相手には確実に勝てるし、強い相手にはなかなか歯が立たないという状態でした。

ただし強豪に勝った思い出もあります。とくにうれしかったのは、二〇〇四年にそれまで一七連敗していたインドから七四年ぶりの勝利を挙げたこと。僕は初日のシングルスで負けてしまいましたが、三日目に日本の一勝二敗（つまり負けたら終わりの状態）で迎えたシングルスに勝ち、最後のシングルスにつなげることができました。そのシングルスで本村剛一《ごういち》さんが勝って、日本は入れ替え戦に進出。そこで負けたのでワールドグループには進めませんでしたが、神和住《かみわずみ》純監督の下でいい戦いができたと思います。

過酷だったアウェイ戦の思い出

二〇一八年まで、デ杯はワールドグループも地域グループもホーム＆アウェイ方式でした。しかしこれは、サッカーのホーム＆アウェイと同じやり方ではありません。

サッカーの場合、たとえばワールドカップのアジア予選で韓国と戦うなら、日本と韓国で一試合ずつやって、合計得点で勝敗を決めます。両チームとも、ホームとアウェイの両方を経験するわけです。

それに対してテニスのデ杯は、どちらかの国でシングルスとダブルスのすべてをやります。たとえば先ほどお話しした二〇〇四年のインド戦は、日本のホーム（大阪）で三日間の試合を行いました。次にインドで試合をするわけではありません。「中立地ではない」という意味で、ホーム&アウェイと呼ぶわけです。あまり公平なやり方ではないかもしれませんが、調べてみると、じつはホームとアウェイでは勝率にほとんど差がありません。

僕は一五回も出場したので、ホームの戦いやすさもアウェイの厳しさも何度も味わいました。開催地の方々が親切にしてくださったり、熱い応援をしていただいたりなど、やはりホームの試合はいいものです。

しかし後になって振り返ると、過酷なアウェイ戦も思い出としては決して悪くありません。かつてのチームメイトと昔話になると、たいがい「あのときはキツかったよな」と苦笑しながらアウェイ戦のあれこれを思い出します。

アウェイでは、線審があからさまに自国に有利なジャッジをすることもめずらしくありません。ワールドグループの試合は必ず中立国の審判を呼びますが、地域グループは違います。主審は中立国のこともありますが、線審は開催国の人。昔はチャレンジシステムがなかったので、主審がオーバールール（線審の判定を訂正すること）をしないかぎり、不利なジャッジでも通ってしまいます。

主審が中立国ならまだしも、審判全員がホーム側のこともあるのですから、アウェイ側は不利にならざるを得ません。ギリギリに入れると「アウト」にされてしまうと思って、つい甘いコースに打ってしまうこともあります。

また、劣悪なホテルを用意されるようなことはありませんでしたが、やはり不慣れな外国では飲み物や食べ物には気を遣います。タイやインドネシアの暑さや韓国の冬の寒さなど、現地の気候にも対応しなければいけません。欧米ならツアーでよく訪れるので慣れていますが、アジアは条件がさまざまなので、体調管理が難しい。僕自身、インドでのアウェイ戦で体調を崩してしまったことがありました。

それより何より大変なのは、やはり地元観客の熱狂的な応援です。とくに韓国での試合は、正直なところ「誰か代わってくれない？」と思うほどコートで怖さを感じました。

ワールドグループの入れ替え戦で行ったチリも忘れられません。ちょうど、二〇〇四年のアテネ五輪でニコラ・マスーがシングルス、マスーとフェルナンド・ゴンザレスがダブルスで、ともに金メダルを獲った直後のことです。

マスーとゴンザレスは、チリの人々にとってスーパーヒーロー。そのふたりがそろって出場するのですから、観客席が盛り上がらないわけがありません。それはもう、相手がどこだろうと「完膚無きまで打ちのめせ！」という凄《すさ》まじい勢いでした。「こりゃあ、アウェイでは何回やっても勝てないな」と思わされたものです。

ニュージーランド対策で人工芝コートをクレーコートに改造

もちろん、アウェイが過酷な戦いになるのはお互い様です。たとえば一九九八年のインドネシア戦は日本がホームだったのですが、北海道の札幌で二月に行いました。大変ありがたいことに、僕が札幌出身ということで誘致してくれたのですが、なにしろ二月の札幌は雪まつりをやっているような季節。暑いところから来たインドネシアの選手たちは「雪なんて初めて見た」とちょっとうれしそうにはしていましたが、試合ではまったく力を発揮できませんでした。

ホーム側は、サーフェスも決めることができます。前にスペイン人はみんなクレーコートが得意という話をしたように、国によってサーフェスには得手不得手がありますから、これもかなり大きなアドバンテージといえるでしょう。

日本もそれを利用したことがありました。宮崎でニュージーランドを迎え撃つにあたって、人工芝の上にクレーコートをつくったのです。

当初は、ハードコートを使用する予定だったのですが、当時のニュージーランドにはハードコートを得意とする強豪選手がいました。ランキングも高いので、相手が力を発揮しやすいサーフェスでは、ホームでもあまり有利になりません。そこで宮崎県のテニス協会に「できればクレーでやりたい」とチーム側がお願いしたところ、シーガイアの人工芝コートにトラック数十台分の土を運び込み、立派なクレーコートをこしらえてくれたのです。

そのおかげもあって、それまでなかなか勝てなかったニュージーランドに勝つことができました。サーフェスが有利だっただけではなく、お金をかけてそこまで準備してくれる誘致サイドの熱意はチームにも伝わります。スタンドの応援もじつに熱いものでした。資金力や「勝ちたい」「勝たせたい」という気持ちまで含めた総合力が問われるのが、ホーム&アウェイの試合なのだろうと思います。

有利なサーフェスを用意するのは、デ杯では決してめずらしいことではありません。フランスやオーストラリアなどは、平気でインドア会場にクレーコートをつくります。

そのフランスをオーストラリアがホームに迎えたときは、あろうことか全豪オープンで使うロッドレーバー・アリーナのハードコートに芝を敷き詰めてグラスコートにしてしまいました。レイトン・ヒューイットをはじめとしてグラスコートが得意な選手がいたので、強豪フランスに勝つ可能性を高めるにはそれがベストだと判断したのでしょう（結果的にはそれでもフランスが勝ったのですが）。

ちなみにフランスは、国外でホームの試合をやったこともあります。二〇一六年のカナダ戦を、カリブ海にあるグアドループという島で行いました。国外とはいえフランスの海外県なので、ルール上は問題ありません。ＡＴＰツアーがアメリカで開催されていた時期だったので、選手たちをフランスまで呼び戻すと負担になるという判断によるものでした。「そこまでやる」のがデ杯です。

いや、ファイナルに関してはホーム&アウェイではなくなるので「でした」と過去形にすべきでしょうか。長くホーム&アウェイで戦ってきた身としては、その味わいのようなものがなくなるのはちょっと残念です。

デ杯はなぜ「やってみなければわからない」のか

常にツアーで世界中を飛び回っている選手たちにとっては、集中開催のほうが負担は少なくなるでしょう。デ杯の試合会場はツアーの都合とは無関係に決まるので、合間を縫って代表チームに合流するのは大変です。

また、サーフェスもツアーの流れとは無関係。たとえばＡＴＰツアーがハードコートシーズンに入っているときに、クレーコートのデ杯が割り込んでくるようなこともあり得ます。選手としては、調整が楽ではありません。そのための練習時間もつくらなければならないので、スケジュール的にも厳しくなります。

しかしそれでも、ホーム&アウェイの面白さには捨てがたいものがあります。選手にとって貴重な経験になるだけでなく、応援するファンにとっても、ふだんのツアーとは違う興奮があるでしょう。個人ではなく代表チームを応援するという点では集中開催も同じでしょうが、やはり地元の会場で声援を送ったり、アウェイに乗り込んで選手を支えたりするのは、ひと味もふた味も違うと思います。

選手の側も、アウェイにまで来て応援してくれる人たちには、ふだん以上に強い仲間意識を感じることができました。それこそ地球の反対側のチリまで駆けつけてくれたら、ほとんど戦友みたいなものです。

それに、ホーム&アウェイのデ杯の試合は、通常のツアーより「やってみなければわからない」意外性があるのも、観戦するファンにとっては楽しいところ。ツアーも決してランキングどおりの結果が出るわけではありませんが、実力に大きな差がある場合、上位の選手が一方的に勝つことが多いものです。

しかしデ杯では、ランキング下位の選手が上位の選手と拮抗した試合を演じるケースが少しもめずらしくありません。そうなるのは、ツアーよりデ杯のほうが照準を絞った準備をしやすいからです。

ツアーのドローは、本番間近にならないとわかりません。決まった対戦相手のプレースタイルなどを研究して対策を考えるのは、せいぜい試合の数日前です。

一方、デ杯の場合は何ヵ月も前から予定が決まっています。メンバーはすぐには発表されませんが、どの国も代表候補はそう多くないので、まったくわからないわけではありません。シングルスでもダブルスでも、自分がどの選手と対戦することになりそうか、だいたい見当がつきます。しかも、どのサーフェスで、どんなボールを使うかもおおむねわかっている。そのため、じっくり時間をかけて対策を練ることができるのです。

そして、より熱心に対策を練るのはランキング下位の選手でしょう。デ杯で存在感をアピールすれば、ツアーでのスポンサーもつきやすくなります。ランキング上位の強豪選手にやる気がないわけではありませんが、どうしてもモチベーションには差があります。そのため、デ杯ではランキングからは予想もつかない好勝負が多くなるのです。

実際、二〇一九年二月に広州で行われた日本と中国の予選ラウンドも、かなり意外な展開になりました。勝ったほうが一一月のマドリードへの出場権を得る大事な試合でしたが、戦前の予想は日本が圧倒的に優位。エースの錦織は不在だったものの、シングルスに出場する選手のランキングには大きな差がありました。

その時点で、日本の西岡はランキング六六位、ダニエル太郎は六九位。対する中国は、シャン・ザが二〇八位、リー・ジェが二六二位です。中国のふたりも強い選手ではありますが、ふつうなら、そう苦労せずに勝てると思うでしょう。過去の対戦成績も日本の八勝一敗、二〇〇九年にも５－０で圧勝しています。アウェイとはいえ、負けるとは考えにくい。

ところが第一試合のシングルスで西岡がリー・ジェにストレート負けを喫してしまい、雲行きが怪しくなります。まさに「やってみなければわからない」デ杯らしい試合でした。第二試合はダニエルが勝ったものの、第三試合のダブルスでは、マクラクラン勉《べん》と内山靖《やす》崇《たか》のペアが第二セットではマッチポイントを握りながらも逆転負け。残るシングルス二試合をひとつも落とせない状況になってしまいました。西岡が初戦の雪辱を果たし、ダニエルもフルセットマッチをギリギリのところで踏ん張ってくれたおかげで本戦出場を決めることができましたが、どちらに転んでもおかしくない内容だったと思います。

ダブルスをどう戦うか

ところで、その中国戦もそうでしたが、ダブルスが大きな鍵を握るのもデ杯の面白いところでしょう。テニスはシングルスのトップ選手に人気が集まりがちです。その意味では、多くの人が見るデ杯はダブルスの面白さを知ってもらうチャンスでもあります。

同じテニスですから、シングルスとダブルスで基本に大きな違いはありません。シングルスで高い能力を持っている選手は、ダブルスをやってもやはり頼りになる。そのためデ杯では、シングルスで調子のよい選手をダブルスに投入することもよくあります。たとえば第一試合と第二試合のシングルスで目論見《もくろみ》どおりの結果が出ず、ダブルスにも不安があったりすれば、監督としては調子のよい選手、ポテンシャルの高い選手を使いたくなるのも当然でしょう。

アルゼンチンとクロアチアが対戦した二〇一六年のデ杯決勝戦では、シングルス一勝一敗で迎えた第三試合のダブルスに、どちらもエースのデル・ポトロとマリン・チリッチを使いました。いずれも全米オープンの優勝経験者。このふたりがダブルスで真剣勝負をする姿は、デ杯でしか絶対に見られないでしょう（そのダブルスはクロアチアが勝ちましたが、残るシングルスを連勝したアルゼンチンが優勝しました）。

日本代表も、ウクライナと対戦した二〇一六年のワールドグループ入れ替え戦で錦織と杉田祐一をダブルスに投入しています。ただしこのときは、直前の全米オープンでベスト4まで進んだ錦織をシングルスで温存。ダニエルと西岡がシングルスで二連勝したのを受けての第三試合でした。それを含めて、この入れ替え戦は日本が五連勝してワールドグループ残留を決めています。

シングルスとダブルスの両方で出場するのは楽ではありませんが、監督としては錦織を使えるならダブルスでも使いたいでしょう。コンビネーションが要求されるダブルスでは、急造ペアだと息が合わないのではないかと心配する人もいると思います。しかし、たしかにコンビネーションがよければ1＋1が2よりも大きくなることはありますが、単純な話、ひとりの能力がもともと2あれば、合計は3。チリッチ、デル・ポトロ、錦織のようにグランドスラムで高い実績を挙げているクラスになれば、監督の頭の中でそういう計算が働いても不思議ではありません。

もちろん、急造ペアにはリスクもあります。お互いのパターンや考え方がわからないと、譲り合ってミスをすることもあるでしょう。自分が攻めたいときに相棒が守りに入ってしまうというギクシャクしたことにもなりかねません。

僕の場合は、岩渕聡さん（現・デビスカップ日本代表監督）とペアを組むときがいちばん安心してプレーできました。岩渕さんと僕は、一歳違い。小さい頃からシングルスで対戦してきましたし、ダブルスも組んできたので、お互いに試合中に考えていることが何となくわかります。実際、「ここは岩渕さんならトップスピンのロブを上げるだろうな……うん、やっぱりそうだった」などと試合中に予想が的中することがよくありました。

そうやってお互いを信頼できるのはダブルスをやる上で大事ですから、チームに長く組んでいるペアがいれば、監督も簡単には急造ペアを使わないでしょう。ただし現在の日本チームの場合、ダブルスはマクラクランと内山のペアが基本とはいえ、彼らはダブルスでツアーを回っているわけではありません。内山はシングルスにも力を入れており、二〇一九年のウィンブルドンでは予選を突破して初めて本戦出場を果たしました。選手はそれぞれ自分のツアーを優先して日々を過ごしているので、デ杯のためにダブルスをやらせるわけにはいきません。そのあたりが、デ杯代表監督の難しいところでもあります。

テニスの団体戦におけるチームワークとは

昔のデ杯日本代表チームは、本番の三〜四ヵ月前から選手を集めて一次合宿、二次合宿……と長く練習を積み重ねていたので、そこでダブルスのペアを熟成させることもできました。まだ常時ＡＴＰツアーに出場する選手がほとんどいなかったこともあって、日本テニス界では「デ杯がいちばん大事」という時代だったのです。

でも、いまの時代にそんなに長い合宿をやるとなったら、有力選手は誰も参加しないでしょう。みんな代表チームのために使える時間にはかぎりがあるので、いまは事前合宿をやったとしてもせいぜい大会前の一週間。そのままみんなで現地に移動します。

いっしょに過ごす時間が少ないと、チームとしての一体感のようなものも昔よりつくるのが難しい面はあるかもしれません。そもそも選手はふだん個人として戦っているので、同じ国であってもツアーではライバルです。コートの外では仲よくしていますが、いざテニスとなるとそれぞれにプライドも高い。日頃はライバルとして戦っている選手が応援してくれるのは心強いですし、試合に勝てば抱き合って思い切り喜びますが、何となくギクシャクした空気になることもないわけではありません。

というのも、代表チームに入った以上、誰でも試合に出たいのが当然です。でも、参加した選手がみんな出場できるわけではない。それこそ、ダブルスのペアを急に変更してシングルスのエースが出場することもあります。それで負ければ、「おれが出たほうがよかったのに」という気持ちにもなるでしょう。むしろ、それぐらいの気持ちになる選手でなければプロとして通用しませんし、代表にも選ばれません。

負けた選手も、「自分が出ないほうがよかった」と思うようではダメ。「おれが出て負けたんだから、しょうがないだろう」というぐらいの強気が求められます。もし僕の代わりに出て負けた選手が「貴男さんが出たほうがよかった」などといったら、「だったら最初から自分で辞退しろ」というかもしれません。

ちょっと殺伐とした話をしてしまいましたが、テニスの団体戦におけるチームワークとはそういうものだと思います。お互いにしのぎを削って競争し、監督に選ばれた仲間のことは「全力でやってこい」と送り出す。選ばれた人間は、出られなくても応援してくれる仲間が納得してくれるだけの戦い方を見せる。たとえ負けても仲間が「オーケー、ナイスファイト！」と心からいたわってくれるような試合をする責任が、出場した選手にはあるのです。

ですから、デ杯で味わうプレッシャーはツアーでのプレッシャーとはまったく質が違います。ひとりで戦うツアーは、負けても自分がそれを受け止めればいいだけ。コンディション不良で途中棄権しても、「しっかり調整して来週またがんばります」といえば済む話です。しかしデ杯での敗戦は、自分だけの敗戦ではありません。合宿からずっと寝食を共にしてきた選手やスタッフのことを考えたら、「次はがんばります」などと軽く片づけることはできないでしょう。

いまの選手たちは、もっと考え方がドライかもしれません。深刻に考えれば勝てるというものではありませんし、強い責任感を持って自分にプレッシャーをかけすぎたのではかえってよくないとも思います。その時代ごとに、チームワークのあり方も変わるのかもしれません。

しかしいずれにしろ、デ杯が総力戦であるのはたしかです。そこで試されるのは、選手個々の力だけではない。全選手やスタッフはもちろん、ファンやメディアなども含めたその国の総合力が試されるのがデ杯だと思います。

テニス文化の成熟が日本を強くする

では、そのデ杯で日本代表が優勝する日は訪れるのでしょうか。

いまの日本には、錦織を筆頭に、ATPツアーで実績を挙げている選手が何人もいます。西岡、ダニエル、杉田の三人もツアー優勝経験者になりました。ダブルスでも、マクラクランと内山のペアは楽天・ジャパン・オープンで優勝しています。ファンとしては期待が高まるでしょう。

もちろん、「やってみないとわからない」のがデ杯ですから、不可能なことではありません。とはいえ、現実はそう甘くないのもたしかです。あの錦織ですら、いまのところグランドスラムとマスターズで優勝できていないのですから、世界の壁はとてつもなく高いと思わざるを得ません。

それに、いまの日本はテニスの総合力の点でまだまだ十分ではないと僕は思います。たしかに錦織はすばらしい活躍をしていますし、女子のほうでは大坂というスーパースターも出現しました。この本の冒頭でもお話ししたとおり、テニス人気は急上昇しています。でも、錦織や大坂の登場によって、日本のテニス界そのものが世界のトップと肩を並べたわけではありません。だから僕は、「いまは日本のテニス界が盛り上がっていますね」といわれると、関係者のひとりとしてうれしく思う反面、ちょっと違和感も覚えます。

たとえば日本では、テニスをやりたい人がコートを確保するのも簡単ではありません。そのコートも多くが人工芝です。学校の部活では、大半が「クレー」とは呼べない砂利の混じった土のグラウンド。プロのツアーと同じ芝やクレーやハードコートでプレーする機会を日常的に得られるプレーヤーは、ほとんどいないでしょう。また、テニススクールや指導者のレベルも強豪国と比べると低いのが実情です。

そういった問題は、昔からテニス関係者のあいだで共有されてきました。錦織や大坂というスターの出現によってそれが解決したわけではありません。裾野を広げるには、子どもたちが憧れるようなスーパースターの存在が欠かせないのですが、それだけでは十分ではないのです。

一時的なまぐれではなく、常に本気でデ杯での優勝を狙えるようなテニス強国になろうとするなら、世界で戦える選手をコンスタントに育てる必要があるでしょう。錦織のような飛び抜けた才能は、そう簡単には出てきません。それを黙って待っていても、何も変わらないでしょう。

まずはプロを目指したいと思っている子どもや学生たちの中から、いずれグランドスラムの予選に行けるぐらいのレベルの選手を増やして、しっかりとしたコーチングをすることです。「君たちにもグランドスラムに手が届く可能性がある」という実感を持てるようにビジョンを示し、そのためのチャンスを与えてあげる。そういう努力を粘り強く続けることが、僕自身を含めたテニス指導者の責任だろうと思っています。

いまのテニスファンは世界ランク一〇〇位以内に日本選手が何人も入るのが当たり前だと思っていますが、放っておけばそんな状態は長く続きません。底上げを図るには、一〇〇位の選手を五〇位、三〇位に引き上げる指導者ではなく、一〇〇〇位以下の選手を三〇〇位、五〇〇位の選手を二〇〇位に引き上げる能力を持つ指導者がたくさん必要でしょう。しかし日本では、そういうコーチングのノウハウがまだ確立されていません。選手のレベルアップのためには、指導者のレベルアップが欠かせないのです。

ほかにも、日本のテニス界が取り組むべき課題は山ほどあって、とてもここには書き切れません。明らかなのは、それを克服するための特効薬はないということ。時間をかけて地道に解決していくしかないでしょう。

そして、その努力を支えるのは、社会全体のテニスに対する理解や愛情です。たとえばどこかに才能のある少年・少女がいたとして、その存在がしかるべき指導者の目や耳に入るかどうか。彼らの身近にいる大人たちの中にテニスのわかる人がいるかどうかで、結果は違ってくるかもしれません。あるいは自治体がテニス環境の整備に乗り出そうとしたときに、地域住民の支持を得られるかどうか。テニスを愛する人々が多ければ多いほど、その計画は順調に進むことでしょう。

結局、その国のテニスが発展するかどうかは、社会におけるテニス文化の成熟度にかかっているのだと思います。だから僕は、錦織や大坂のおかげでテニスが注目されているこのチャンスに、この本を書きました。本書をきっかけに、より深くこのスポーツの面白さを知ったみなさんが、未来の日本テニス界を支える存在になってくださったら、大変うれしく思います。

あとがき

錦織圭がデルレイビーチでツアー初優勝を果たしてから、一〇年以上が経ちました。日本のテニス界は、彼を中心として回り始めると同時に、テレビ中継やインターネット配信が一気に増えたといえます。テニスを知らなかった方が、錦織圭を通じてテニスを見るようになり、大坂なおみのグランドスラム優勝で、さらに興味を持ち始めてくれたのです。そうしたファンの方々には、本当に感謝の言葉しかありません。

けれども、それに伴いさまざまなところで聞く「テニス界が盛り上がっている」という声には少し違和感もあります。もちろん、純粋にふたりの活躍だけを考えれば、テニス界が盛り上がっているという見方は合っています。情報番組でも、ふたりに何かあれば必ず話題に上りますし、それをもって「テニス界が盛り上がっている」と思うのは何も不思議なことではありません。

しかし、それはテニス界が盛り上がっているのではなく、錦織・大坂の知名度が上がって、ふたりに人気が集まっているだけ、というのが僕の見解です。テニス界にとっては、もっと多くの日本人選手が世界のトップで活躍することも必要ですし、東京五輪でメダルを獲るのも重要なことです。そして、そのような形で本当にテニス界が盛り上がるためには、ひとりでも多くのファンがテニスの本質を理解してくれることに尽きると、僕は思うのです。

テニスというスポーツにはルール上、引き分けがありません。どんなに相手と接戦を演じたとしても最終的には決着をつけなければいけませんし、試合を観戦している人が「両方の選手に勝ってほしい！」と思ったとしても、勝ち負けを決める必要があります。

そして、だからこそ、戦っている選手の背景ももちろんですが、「試合中に何が起こっているのか」「ふたりのあいだでは、どんな駆け引きが行われているのか」を少しでも理解してもらうことが、（テレビも含む）テニス観戦を楽しむためには必要です。

そんななか最近はうれしいことにテニス中継で解説を担当する機会をグランドスラムや

デ杯などでいただき、自分の言葉と表現への責任は、今まで以上に増していると感じています。

それは、錦織戦や、グランドスラムで優勝して世界ランキング一位になった大坂なおみの試合はもちろん、フェデラー、ナダル、ジョコビッチといった、我々の想像を超える領域でプレーする選手の試合でも何ら変わりません。テニスをやってみたい、会場で試合を見てみたいと思い、実際に行動してもらうためには、テニスに向かうよいキッカケが鍵です。本書が、読者のみなさんにとってそのようなよいキッカケになってくれればうれしいです。

今後も、自分にどこまでできるのかは未知数ですが、コート上では現役選手として可能な限りプレーで魅せ、解説やイベント・講習会の仕事では、言葉と表現をうまく使ってテニスの本質にまつわることを説明し、本物のテニスファンをひとりでも増やしていけるように努力していきたいと思っています。

最後まで読んでいただき、本当にありがとうございました。

二〇一九年九月

鈴木貴男

ジョコビッチはなぜサーブに時間《じかん》をかけるのか

二〇一九年一一月二〇日 第一刷発行

集英社新書〇九九九H

著者……鈴木貴男《すずきたかお》

発行者……茨木政彦

発行所……株式会社集英社

東京都千代田区一ツ橋二-五-一〇 郵便番号一〇一-八〇五〇

電話 〇三-三二三〇-六三九一（編集部）

〇三-三二三〇-六〇八〇（読者係）

〇三-三二三〇-六三九三（販売部）書店専用

装幀……原 研哉

印刷所……凸版印刷株式会社

製本所……ナショナル製本協同組合

定価はカバーに表示してあります。

ISBN 978-4-08-721099-6 C0275

鈴木貴男（すずき たかお）

プロテニスプレーヤー、コーチ、解説者。一九七六年九月二〇日、北海道札幌市生まれ。全日本選手権シングルスで三度の優勝。デ杯代表選手として通算四一勝を記録。ATPシングルスランキングは最高一〇二位。二〇一五年五月にはグアムF1フューチャーズで優勝。〝現役レジェンド〟として活躍中。WOWOWの中継をはじめ、テニスファンの間では名解説者「貴男さん」として知られる。著書に『試合に勝つテニス 鈴木貴男のダブルス講座』（実業之日本社）など。

a pilot of wisdom

集英社新書　好評既刊

言い訳 関東芸人はなぜM-1で勝てないのか
ナイツ 塙 宣之　0987-B
M-1審査員が徹底解剖。漫才師の聖典とも呼ばれるDVD『紳竜の研究』に続く令和の漫才バイブル誕生！

資本主義の終わりか、人間の終焉か？ **未来への大分岐**
マルクス・ガブリエル／マイケル・ハート／ポール・メイソン／斎藤幸平・編　0988-A
「人間の終わり」や「サイバー独裁」のようなディストピアを退ける展望を世界最高峰の知性が描き出す！

自己検証・危険地報道
安田純平／危険地報道を考えるジャーナリストの会　0989-B
シリアで拘束された当事者と、救出に奔走したジャーナリストたちが危険地報道の意義と課題を徹底討議。

保護者のための いじめ解決の教科書
阿部泰尚　0990-E
頼りにならなかった学校や教育委員会を動かすこともできる、タテマエ抜きの超実践的アドバイス。

「国連式」世界で戦う仕事術
滝澤三郎　0991-A
世界の難民保護に関わってきた著者による、国連という競争社会を生き抜く支えとなった仕事術と生き方論。

「地元チーム」がある幸福 スポーツと地方分権
橘木俊詔　0992-H
ほぼすべての都道府県に「地元を本拠地とするプロスポーツチーム」が存在する意義を、多方面から分析。

堕ちた英雄 「独裁者」ムガベの37年
石原 孝　0993-N〈ノンフィクション〉
ジンバブエの英雄はなぜ独裁者となったのか。最強の独裁者、世界史的意味を追ったノンフィクション。

都市は文化《アート》でよみがえる
大林剛郎　0994-B
文化や歴史、人々の営みを無視しては成立しえない、真に魅力的なアートと都市の関係性を考える。

いま、なぜ魯迅か
佐高 信　0995-C
まじめで従順な人ばかりの国には「批判と抵抗の哲学」が必要だ。著者の思想的故郷を訪ねる思索の旅。

国家と記録 政府はなぜ公文書を隠すのか？
瀬畑 源　0996-A
歴史の記述に不可欠であり、国民共有の知的資源である公文書のあるべき管理体制を展望する。

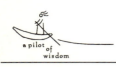